¡DE PELÍCULA!

Spanish Conversation through Film

¡DE PELÍCULA!

Spanish Conversation through Film

Mary McVey Gill
Deana Smalley

Contents

Preface

Why a Spanish Conversation Book Based on Cinema?

There are many reasons:

- ∾ There have been numerous studies showing that authentic language is the best "comprehensible input." Cinema offers natural language in context.

- ∾ Movies provide a context in history and culture, as well as language, on which a course can build.

- ∾ Videos and DVDs are highly versatile teaching tools. Students can watch them in or out of class. Instructors can use film clips in class or include them on exams. DVDs can also be programmed.

- ∾ The nine movies in this book present a wide variety of themes, genres, and cultural experiences.

Students who watch the movies chosen for this book will learn not only about "Big C" culture (e.g., Mexican-American murals in *La misma luna* or the Spanish Civil War in *El viaje de Carol*). They will also see daily-life culture in a wide variety of settings. How do people in the Hispanic world eat, cook, travel, play, get married, raise their children, spend their free time? What non-verbal communication do they use, how much distance is normal between people in different situations, how do they greet each other or express affection? It's impossible to watch these movies and *not* learn about culture through this engaging medium.

Choice of Films

Choosing the films was extremely difficult, since there is such a tremendous variety of wonderful movies in Spanish. The movies were chosen for quality, cultural and historical content, and appeal to students; however, the choice also depended heavily on availability. Many excellent films are simply too hard to get in the United States or Canada. (Some countries have very highly developed cinematic industries with a long history of production and excellent distributing and marketing so that the films reach a global audience, but not all do.) Difficulty was another factor: some movies are too complicated to be used successfully or the pronunciation is hard to understand. Another important criterion was that we chose films that were not R-rated. See the chart following the preface for ratings and other information about each film. (Note that there is some violence and swearing in *Machuca*, especially at the end.)

Organization of the Book and Teaching Suggestions

The book requires students to have intermediate Spanish skills and can be used most successfully at high intermediate or advanced levels. It can be a primary or secondary text for a course. Subtitles can provide flexibility—they should be used unless the students are advanced. As with any real-world experience, students will not understand every word—a certain tolerance for ambiguity must be cultivated—but they will be highly motivated to understand material that they know was created for native speakers of Spanish. While not all students will be able to spend time in a Spanish-speaking country, they can travel through the eyes of filmmakers to many parts of the Hispanic world. We expect that this highly motivating context will work well for students wherever the book is used, especially in classes where listening comprehension and conversation are emphasized.

Following are suggestions for each section of any chapter:

Vocabulario preliminar

These sections are optional and can be done in class or assigned as homework. With some exceptions, the words on the lists occur at least twice in the film and often three or more times. Words that students may need to discuss the film but that were not actually used in the movie itself are glossed later on if necessary. The first section of exercises was designed to give students key words and expressions they will need to understand and talk about the movie. The second section, which they will encounter after they have seen the film, features thematic vocabulary, including regionalisms, that are useful for further discussion. We did not include vulgar words or expressions, in general; you can explain these at your discretion.

Segmentos 1-4

Each film is divided into four parts. There is a *Preparación*, or pre-viewing exercise, before each segment. In most cases, the pre-viewing exercises can be done in pairs or groups as well as with the whole class. The exercise called *Los personajes* should be read before the film is viewed but completed afterwards. After the students watch the segment, there is a section titled *Exploración*, with questions to provoke thought and discussion and explore the meaning of the segment. Ideally, the students should read these questions over before seeing the film segment to help them prepare for it. The segments are normally divided according to breaks in the DVD, but the scene is set verbally at the beginning of each segment if you are using a VHS version. You can, of course, break these into larger or smaller units to work with if you like and vary the exercises accordingly.

Notas culturales

These notes are included to provide information that may be helpful in understanding the film. Students can read them on their own or you can discuss them in class. There is one for each segment of the film.

Análisis y contraste cultural

Vocabulario

Again, these sections are optional and can be done in class or assigned as homework. See the information under **Vocabulario preliminar**.

Temas de conversación o de composición

As the title implies, these topics can be explored orally and/or assigned as short compositions. They can be done with the entire class or in groups or pairs. The questions in parentheses can be augmented or changed as the instructor chooses. These topics are optional and not all of them have to be covered.

Una escena memorable

Students can discuss or write about the scenes depicted, depending on the goals of the course.

Hablan los personajes

These can be covered quickly, with students giving short answers about who is quoted and in what context, or they can be explored in depth. Instructors may choose to ask further questions about the quotations and get students to elaborate on how they reflect the character in general or how they relate to the themes of the movie.

Hablando de la cultura

This section refers to a cultural point that is included in the film and it generally poses a question about cultural content or about how the movie would be different if it had been made in an English-speaking country. Instructors may want to elaborate on these points or ask students what other cultural differences they noticed in the film.

Hablan los críticos y los directores

These optional sections feature quotations from the directors of the films or from critics. Students can answer the questions included for them or they can simply comment on whether they agree or disagree with the quotations and why.

Más allá de la película

These readings can be assigned at home or covered in class. You may want to simply have students read them and do the activities for extra credit. The section *Preparación* is a pre-reading section to help students with the vocabulary and prepare them for the reading. The section *Exploración* provides questions to help students explore the content of the readings and includes additional activities to explore the themes. You can have students work together in pairs or groups to complete the tasks. In some cases, you might want to use only part of a reading (for instance, in Chapter 6, you could do only the interview of Isabel Allende Bussi). The readings can be skipped entirely if you are focusing on listening and speaking skills.

Ideas for Additional Activities

Here are some ideas for activities that can be done with the films (as a class or in pairs or groups), depending on the goals of your course:

- ❧ Students tell what the movie would be like if it had been made in Hollywood. What things would be different? Or, if there is a Hollywood film with a similar plot, ask students if they've seen it and have them make comparisons.

- ❧ Students invent an alternative ending. (If you show the film in class, you could also stop the film partway through and have students guess the ending, writing it down without telling anyone else. Then ask for alternatives after the film has been viewed.)

- ❧ Students tell what the characters would be doing five (ten, twenty) years later.

- ❧ They write an epitaph, eulogy, or obituary for one of the characters.

- ❧ They write a CV, personals ad, or want ad for one of the characters.

- ❧ They write a review of the film.

- ❧ They compare films with other movies in Spanish (for instance, by the same director or on the same theme). They can rent and view other films on their own for extra credit. They can also write summaries or reviews of these or make a short oral report to the class.

- ❧ Students create questions they would ask of a specific character.

- ❧ They decide on the best gift for a certain character and tell why.

- ❧ They write an ad promoting the film.

- ❧ They write a diary entry for one of the characters.

- ❧ A variation on *Hablan los personajes*: Write quotations from the movie on slips of paper in two parts. (For instance, *"El que inventó esto... no ha visto un plátano ni de lejos."*) Students circulate around the room and try to find their partner, the person who has the other half of the quotation. They stand together, read the quotation aloud, and tell who said it, to whom, and/or in what situation.

~ They play Twenty Questions: someone pretends to be one of the characters and the others ask yes/no questions until they guess correctly (or until twenty questions have been asked).

~ Students write a question about the film (that they can answer) on a piece of paper. They get up and find another student to talk to and ask their question. After answering, the other student asks his or her question. The first student answers. (They help each other if necessary.) Students trade slips of paper and repeat the process with the new questions and new partners. Tell them to continue for a certain period of time or until they have asked and answered at least six questions.

Here are some ideas for activities that can be done after students have seen several films:

~ Students write about or discuss the riskiest situation, the happiest moment, the worst decision, the most ethical choice, etc.

~ They create and give a prize to the best actor/actress, best film, best script, most interesting plot, best music, and so forth.

~ Students compare specific characters. How are they similar and how are they different? Which character is the most admirable? Evil? Memorable?, etc. Which character would they most like to meet?

~ Students choose a scene from one of the films and a character from another film. How would the character react in this situation?

~ If vocabulary is an important part of the course, students can review: give them a list of categories (e.g., things to eat, places, things to wear, feelings, etc.) Then give them words orally and have them put the words into the appropriate categories.

~ Students compare language used in two or more films; for instance, the use of **tú** vs. **usted** or the level of formality of the language in general.

Instructor's Manual

The instructor's manual includes:

1. an answer key for all exercises except the open-ended activities
2. specific ideas for extra activities

Web Site

The Focus web site includes pages for this book. On the web pages are names and addresses of places to obtain the films and links to other sites of interest. www.pullins.com/txt/spanish.htm

Acknowledgments

We would like to express our sincere gratitude to the wonderful people at Focus Publishing, especially our publisher, Ron Pullins, for his creativity, advice, support, and flexibility. This book would not have been possible without him. Many thanks to Linda Diering for her artistic eye and creative work on the composition and layout of the book and the cover; to David Horvath for his insights on the marketing of the materials, and to Hailey Klein for coordinating the production of the project in-house. It is truly a joy to work with the people at Focus!

Sincere appreciation to Naldo Lombardi, formerly of Mount Royal Academy, for reading the entire manuscript and offering suggestions and expert advice. Finally, we owe a debt of gratitude to the following reviewers, whose comments (both positive and critical) helped us in the shaping of this project: Summer Sheeley and Amy Bonnici of The Wheeler School, Providence, RI; Roberto D'Erizans, The Taft School, Watertown, CT; Blythe Young, Bellevue, WA School District; and LeeAnne Sanders, Peak to Peak Charter School, Denver, CO.

A Final Word about these Eight Films

¡Diviértanse!   (*Enjoy!*)

M.M.G.
D.S.

About the Films

Title(s)	Country	Date	Genre	Length	Rating
La misma luna (*Under the Same Moon*)	USA/Mexico	2007	drama	110 min.	PG-13
Danzón (no English title)	Mexico/Spain	1991	drama/ romance	120 min.	PG-13
De eso no se habla (*I Don't Want to Talk about It*)	Argentina	1993	comedy/ drama	102 min.	PG-13
Un lugar en el mundo (*A Place in the World*)	Argentina/Spain/ Uruguay	1992	drama	120 min.	PG
Machuca	Chile/Spain/ France/Italy	2004	drama	115 min.	unrated
Guantanamera (no English title)	Cuba/Germany/ Spain	1995	comedy	104 min.	unrated
Nueba Yol (no English title)	Dominican Republic	1996	comedy	104 min.	PG-13
El viaje de Carol (*Carol's Journey*)	Spain	2002	drama	103 min.	PG-13

Vocabulario
para hablar del cine

Cognados

actuar, la actuación

la cámara

el cine erótico

el cine de guerra (*war*)
 o de violencia

el cine de humor

el cine político

la cinematografía

la comedia musical

el documental

el/la director(a)

los efectos especiales

la escena

el/la espectador(a)

filmar, la filmación, el filme

el flashback

la imagen

improvisar

producir

el/la productor(a)

el/la protagonista

protagonizar

el punto de vista

la secuencia

el suspense

el tema

los títulos de crédito

el zoom

Otras palabras

el argumento	*plot*
el/la artista de cine	*movie actor (actress)*
el/la cineasta	*filmmaker*
la cinta	*tape; film*
el corte	*cut*
el cortometraje, el largometraje	*short (film), feature or full-length film*
dirigir	*to direct*
la distribuidora	*distributor*
doblar, el doblaje	*to dub, dubbing*
el elenco	*cast*
el encuadre	*framing (of a shot)*

Otras palabras

el/la estrella de cine	*movie star*
estrenarse (una película)	*to premiere*
el guión, el/la guionista	*script, scriptwriter*
la iluminación	*lighting*
interpretar un papel, el/la intérprete	*to play a role, person who plays a role*
el lente	*lens*
la pantalla	*screen*
la película	*film*
los personajes secundarios	*minor or less important characters*
la puesta en escena	*staging, production*
el/la realizador(a)	*director*
el reparto	*cast*
rodar, el rodaje	*to film, shoot (a film); filming*
el sonido	*sound*
la toma	*shot, take*
la voz en off	*voice-over*

CAPÍTULO 1

La misma luna

Presentación de la película

Carlitos Reyes vive en México con su abuela, Benita. Su madre, Rosario, trabaja en Los Ángeles, California. Un día domingo a las diez en punto su madre lo llama desde un teléfono público...

- La directora, Patricia Riggen, nació en Guadalajara, México. *La misma luna* es su primer largometraje. Ya había dirigido (y escrito) dos cortometrajes: *Family Portrait* (2004) y *La milpa* (2002). Ligiah Villalobos escribió el guión original. La película se rodó en México con excepción de las escenas exteriores en Los Ángeles.

- Adrián Alonso (Carlitos) nació en Ciudad de México en 1994. También actuó en *The Legend of Zorro* (2005) y *Al otro lado* (2004).

- Kate del Castillo (Rosario) ha trabajado en varias telenovelas muy populares y en las películas *Julia* (2008), *Bad Guys* (2006) y *American Visa* (2006).

- Eugenio Derbez (Enrique) es uno de los comediantes más famosos de Latinoamérica, muy conocido por sus programas de televisión, como "Al Derecho y al Derbez", "Derbez en cuando" y "La familia P. Luche".

- América Ferrera (Marta) ganó un "Golden Globe" a la mejor actriz de 2007 por su trabajo en la serie de televisión "Ugly Betty". Interpretó a Carmen en *The Sisterhood of the Traveling Pants* (2005) y *The Sisterhood of the Traveling Pants 2* (2008). Jesse García (David, el hermano de Marta) hizo el papel de Carlos en *Quinceañera* (2006).

Vocabulario preliminar

Note: In Mexico, the use of diminutives is common; there are many of these, especially those ending in -**ito** or -**ita**, in this film. Some examples you will hear: **ahorita, abuelita, grandecito, m'hijito, chiquito, perrito, solito, ratito, casita.** The diminutive **paisanito** comes from **paisano,** referring to someone from the same country as the speaker (in this case, Mexico). You will also hear **no más** meaning *only* and **camión** meaning *bus* instead of *truck.*

Cognados		
el contacto	el mural	el secreto
ilegal	la piñata	el teléfono (público)
el/la inmigrante	la pizzería	el tomate
legal	el/la policía	el walkman

La frontera (*border*)	
el/la abogado(a)	*lawyer*
el aventón	*ride (colloquial, parts of Latin America)*
caminar	*to walk*
el camino	*road*

el camión	*truck (Mexico: bus)*
cruzar	*to cross*
extrañar	*to miss (a person or thing)*
el lado: al otro lado	*side: to the other side*
lejos	*far*
mandar (de regreso)	*to send (back)*
manejar	*to drive*
la "migra"	*short for inmigración, U.S. Immigration (U.S., Mexico, Central America)*
nadar	*to swim*
los papeles	*papers (i.e., legal documents)*
pasar	*to pass; to spend; to happen*
regresar	*to go back, return*
la troca	*truck (U.S., Mexico, parts of Central America)*

Otras palabras

casarse	*to get married*
el compadre (la comadre)	*close friend, often a godparent of one's child*
el dinero	*money*
la dirección	*address*
morir (ue)	*to die*
el padrino (la madrina)	*godfather (godmother)*
perdonar	*to forgive, pardon*
el regalo (de cumpleaños)	*(birthday) present*
trabajar	*to work*

A. **Una inmigrante mexicana.** Escoja las palabras apropiadas para completar el párrafo.

Mi amiga Yolanda es mexicana pero vive aquí en Los Ángeles. Trabajamos juntas en una oficina en el centro. A mí no me gusta (1) _____ (manejar/nadar) y por eso no tengo auto, así que a veces Yolanda me da un (2) _____ (aventón/camión) al trabajo. Ella cruzó la (3) _____ (frontera/migra) con una visa de estudiante hace muchos años. El año pasado sacó sus papeles con la ayuda de un (4) _____ (abogado/inmigrante) y ahora es ciudadana (*citizen*). (5) _____ (Extraña/Perdona) mucho a su madre y a sus padrinos en México. Es difícil mantener el (6) _____ (contacto/secreto) cuando están tan (7) _____ (lejos/ricos), pero les manda dinero cada mes. Se va a casar en diciembre y quiere (8) _____ (regresar/caminar) a México con su esposo a pasar las fiestas allí.

B. **Asociaciones.** De la siguiente lista, escoja una palabra que se asocia con...

> *Modelo:*
> "La creación" de Miguel Ángel en la Capilla Sixtina
> **mural**

camino	dirección	policía	walkman
camión, "troca"	mural	teléfono	
dinero	pizzería	tomate	

1. AT&T
2. pesos o dólares
3. Domino's o Round Table
4. Sony
5. Mack, Nissan King Cab, Toyota Tundra, Chevy Silverado
6. 522 Maple Street, Anytown, New York 10460
7. Heinz "ketchup"
8. el inspector Clouseau, Sherlock Holmes, Chief Wiggum
9. Route 66, Rodeo Drive, Pennsylvania Avenue

C. **¡Es lógico!** Escoja la respuesta más lógica.
1. ¿Te gustó el regalo que tu madrina te mandó para tu cumpleaños?
   a. Sí, lo mandé de regreso.
   b. Fue una piñata.
   c. Sí, me mandó un vestido muy bonito.
2. ¿Tienes documentos legales para cruzar la frontera?
   a. Sí, tengo una visa.
   b. No, pero tengo un pasaporte para ir al otro lado.
   c. Es ilegal pasar por la frontera.
3. ¿Qué te pasa? ¿Hay algún problema?
   a. No, es que se casaron mis abuelos.
   b. Sí, es que se murió el gato.
   c. Sí, es que mi compadre tiene mucho dinero.

Segmento 1

Preparación

Extrañando a alguien. ¿Ha perdido usted a alguien importante en su vida? ¿Ha estado separado(a) de alguien? ¿Un(a) abuelo(a) u otro(a) familiar? ¿Un(a) amigo? ¿Lo (La) extrañaba mucho? ¿Por qué estaban separados?

Exploración

1. ¿Por qué hay una fiesta en casa de Carlitos?

2. ¿Quién mandó el dinero para comprar la piñata?

3. ¿Quiénes llegan a la fiesta? ¿Por qué les dice Benita, la abuela de Carlitos, que se vayan? ¿Qué les interesa a estas dos personas?

4. ¿Qué le dice Manuel a Carlitos acerca de su abuela? ¿de su mamá?

5. ¿Por qué necesita Rosario $4.000 dólares?

6. Al salir de la escuela, Carlitos ve a su amigo Chito en la calle. ¿Qué tiene que hacer Chito?

7. ¿Qué quieren hacer los tres hombres que hablan con doña Carmen?

8. ¿Por qué quieren hablar con doña Carmen los dos jóvenes mexicano-americanos? ¿Hablan español?

9. Cuando doña Carmen le pregunta a Carlitos qué quiere para su cumpleaños, ¿qué le dice él?

10. ¿Tiene Carlitos dinero para pagarle a doña Carmen?

Notas culturales

En una fiesta de cumpleaños en México, normalmente hay una piñata llena de dulces para los niños, como se ve en la película. Con los ojos vendados (*blindfolded*), los niños tratan de romper la piñata con un palo (*stick*). También hay música y canciones especiales.

La voz que se oye en la radio en casa de Rosario es la de Renán Almendárez Cuello, "El Cucuy de la mañana". Este locutor (*commentator*) hondureño, un icono de la radio de habla hispana en Estados Unidos, tiene un programa muy popular basado en Los Ángeles.

Los tres hombres que quieren cruzar la frontera hablan un idioma indígena entre sí y doña Carmen no lo entiende. En México se hablan sesenta y dos idiomas indígenas, como el náhuatl y el maya.

11. ¿Qué le pasa a Benita? ¿Qué decide hacer Carlitos?

12. Después de trabajar para la señora McKenzie, ¿adónde va Rosario?

Segmento 2

En la primera escena de este segmento, los jóvenes mexicano-americanos llevan a Carlitos a la frontera.

Preparación

Fronteras

1. ¿Ha estado usted en una ciudad fronteriza como El Paso, Tucson o San Diego? Si es así, ¿cuál? ¿Qué le pareció esa ciudad?

2. ¿Ha cruzado una frontera internacional (entre Estados Unidos y México o entre otros países)? Si es así, ¿dónde? ¿Qué le preguntaron los oficiales? Describa la experiencia.

Exploración

1. Cuando los dos jóvenes mexicano-americanos y Carlitos llegan a la frontera, ¿puede pasar Carlitos? ¿Dónde se queda él?

2. Cuando Rosario sale de la casa de los Snyder, ¿quién la espera afuera?

3. ¿Tiene papeles legales Paco, el guardia de seguridad?

4. ¿Qué problema tiene Carlitos en la estación de autobuses? ¿Por qué no le venden un boleto (*ticket*) para Los Ángeles?

5. ¿A quién le pide ayuda Carlitos?

6. ¿Por qué no puede Carlitos pagar a esa persona?

7. ¿Qué le da Reyna al drogadicto (*drug addict*) para que se vaya y deje a Carlitos en paz?

8. ¿Quién tiene el walkman de Carlitos? ¿Qué le cuenta esta persona a doña Carmen?

9. ¿Por qué no puede Rosario llamar a la policía cuando la señora McKenzie no le paga el dinero que le debe?

Notas culturales

Ciudad Juárez (Chihuahua, México) está a tres kilómetros (dos millas) de El Paso, Tejas. Las dos ciudades están junto al río Bravo (*Rio Grande*). La frontera entre Estados Unidos y México se extiende a lo largo de más de 3.000 kilómetros (casi 2.000 millas). Esta frontera se cruza legalmente unas 250 millones de veces todos los años. No se sabe cuántas veces se cruza ilegalmente, pero cada año mueren unas 350 personas tratando de cruzar la frontera sin papeles.

El fútbol (*soccer*) es un deporte muy popular entre los mexicanos, como se ve en la película: Reyna y sus inquilinos (*tenants*) miran un partido con Las Chivas, el equipo (*team*) de Guadalajara.

Segmento 3

En la primera escena de este segmento, Carlitos y Leonardo, un hombre que vive en casa de Reyna, van en camión a recoger (*pick up*) a unos trabajadores inmigrantes.

Preparación

¿México, Estados Unidos o los dos países? ¿Con qué lugar se asocia cada uno de los siguientes personajes u objetos de la película?

Modelos:	
un teléfono público	la señora McKenzie
los dos países	**Estados Unidos**

1. Benita
2. un calendario
3. una fiesta de cumpleaños
4. un reloj (*clock*)
5. un examen de ciudadanía (*citizenship*)
6. un walkman
7. un abogado
8. un lugar con un teléfono público, una pizzería y un mural
9. doña Carmen
10. una estación de autobuses

Exploración

1. Carlitos va con algunos hombres a recoger tomates. ¿Qué les pasa a los hombres mientras están trabajando? ¿Quiénes llegan?

2. ¿Quiénes les dan un aventón a Carlitos y Enrique a Tucson?

3. ¿Por qué le dice Enrique a Carlitos que debe ir a la policía? ¿Quiere Carlitos hacer eso?

4. ¿Dónde busca trabajo Carlitos?

5. ¿Qué busca Rosario en Los Ángeles?

6. ¿Qué decide hacer Rosario? ¿Por qué? ¿Qué le dice Alicia?

7. ¿Quién vive en Tucson, la ciudad donde Enrique y Carlitos están trabajando?

8. ¿Cree Carlitos que Rosario perdonará a Óscar?

9. ¿Qué le promete (*promise*) Óscar a Carlitos?

Nota cultural

Jorge Hernández y algunos de sus hermanos y primos fundaron el conjunto musical (la banda) Los Tigres del Norte cuando eran adolescentes en San José, California. Ahora tienen fama internacional y han ganado varios Grammys por sus álbumes de música norteña. A Carlitos le cantan "Por amor". La canción "Yo no soy abusadora" es de la actriz y cantante mexicana Laura León.

Segmento 4

En la primera escena de este segmento, Rosario y Alicia están en un autobús y Alicia habla de la boda (*wedding*) de Rosario.

Preparación

Los personajes. Lea las descripciones y los nombres de los personajes. Trate de emparejar (*match*) cada personaje con su descripción; si no sabe todas las respuestas, adivine (*guess*). Después de ver este segmento, vuelva a completar este ejercicio (*complete this exercise again*).

_____	1. la abuela de Carlitos	a. Carlitos
_____	2. dos jóvenes mexicano-americanos	b. Rosario
		c. Óscar
_____	3. una mujer para quien Rosario trabaja	d. doña Carmen
		e. Marta y David
_____	4. la amiga de Rosario	f. Benita
_____	5. un niño mexicano de nueve años que va a Los Ángeles	g. Paco
		h. Reyna
_____	6. una mujer que salva (*saves*) a Carlitos de un drogadicto	i. la señora McKenzie
_____	7. un trabajador inmigrante que vive en casa de Reyna	j. Alicia

_____ 8. un guardia de seguridad en
Los Ángeles

_____ 9. un niño que trabaja en la
calle en México

_____ 10. una mujer para quien
Carlitos trabaja

_____ 11. la madre de Carlitos

_____ 12. un señor que lleva a Carlitos
a Los Ángeles en autobús

_____ 13. el padre de Carlitos

k. Leonardo

l. Chito

m. Enrique

Exploración

1. ¿Qué ha decidido Rosario hacer (rápidamente, antes de cambiar
de opinión)?

2. ¿Llega Óscar al café a recoger a Carlitos?

3. Cuando llegan a Los Ángeles, ¿qué problema tienen Carlitos y
Enrique?

4. ¿Qué deciden hacer?

5. El día de la boda (*wedding*), ¿qué decide Rosario?

6. ¿Qué encuentra doña Carmen en el álbum de Carlitos?

7. ¿Qué le cuenta doña Carmen a Rosario?

8. ¿Qué le pide doña Carmen a Rosario?

9. ¿Quién acompaña a Rosario a la estación de autobuses?

10. ¿Quiénes encuentran a Carlitos mientras está dormido en el parque de Los Ángeles?

11. Cuando Carlitos llega al teléfono desde donde su mamá lo llama, ¿quién lo espera allí?

Nota cultural

En la película se ven muchos ejemplos de los murales mexicano-americanos de Los Ángeles. Esta forma de expresión artística ilustra la cultura y la historia de la comunidad local. Los artistas Diego Rivera, José Clemente Orozco y David Alfaro Siqueiros popularizaron el "muralismo" en México después de la Revolución de 1910. Algunos famosos muralistas estadounidenses de hoy son Víctor Ochoa, George Yepes y Judith Baca. Los muralistas Alex Rodríguez, Stash, Vial y Asylum crearon un mural original para *La misma luna*.

Análisis y contraste cultural

Vocabulario

Verbos	
agarrar	*to catch; to hold onto*
bailar	*to dance*
cambiar	*to change*
contar (ue)	*to tell*
correr	*to run*
dejar	*to leave (behind); to allow, let*
encargarse (de)	*to take responsibility (for)*

encontrar (ue)	*to find*
levantarse	*to get up*
llevar	*to take; to carry (also, to wear)*
viajar	*to travel*

Saludos y expresiones de cortesía

A sus órdenes. / Para servirle.	*At your service (often said after introducing oneself).*
Bienvenido(a).	*Welcome.*
Buenas (tardes).	*Good afternoon.*
Con permiso.	*Excuse me (before walking in front of someone, turning one's back or leaving someone at a gathering, etc.).*
Disculpe.	*Excuse me (often, to attract someone's attention). Pardon me.* (usted *form*)
¡Qui úbole!	*Hi! (a greeting, like ¡Hola!, colloquial, most of Latin America)*
Saludos a…	*Give my best to…*

Otras palabras

el/la abusador(a)	*someone who takes advantage of others*
la canción	*song*
el domicilio	*residence*
la lavandería	*laundry*
lavar la ropa	*to wash one's clothing*
la luna	*moon*
la parada (de autobuses)	*(bus) stop*
la razón: tener razón	*reason: to be right*
la tienda	*shop, store*

Expresiones regionales*

abusado(a)	*sharp, careful*
¡Aguas!	*Look out!*
¡Ándale!	*That's it! Right! You got it!*
el/la chamaco(a)	*boy (girl)*
la chamba	*work*
¡Híjole!	*Wow! Jeez!*
no más	*only*
Órale.	*All right. OK. That's it. (used mainly to encourage someone to do something or to accept an invitation)*
Ya mero.	*Almost.*

*These terms are not used exclusively in Mexico—some are heard elsewhere as well. All of them are colloquial.

A. **Saludos y expresiones de cortesía.** Complete las conversaciones con palabras de la lista "Saludos y expresiones de cortesía".

1. Buenas tardes, don Mario.

   _____.

   _____ a mi casa. Adelante, por favor, entre.

2. _____, señora. ¿Sabe usted si hay un banco por aquí cerca?

   Sí, el Banco Central está allí en la Avenida Hidalgo.

3. ¿Cómo se llama usted, señor?

   Marcos García, _____. (Hay dos respuestas posibles.)

   Mucho gusto, señor García.

4. ¡_____, Paco!

   ¡Hola! ¿Qué tal? ¿Cómo estás?

   Muy bien, ¿y tú?

   Bien, gracias.

   ¡Qué gusto de verte! ¡ _____ a la familia!

5. ¡Qué fiesta más animada!

Sí, pero ya es tarde. Me tengo que ir. _____.

Adiós, pues.

¡Nos vemos!

B.   **En resumen (1).** Complete las oraciones con verbos de la siguiente lista.

agarró	cuenta	llevan
bailar	dejas	se levantan
cambia	encargarse	viaja
corren	encuentra	

1. Rosario y Alicia _____ muy temprano para ir a trabajar.

2. Los trabajadores inmigrantes _____ cuando llega la "migra".

3. Enrique no quiere _____ de Carlitos; dice que _____ solo.

4. Los Tigres del Norte _____ a Carlitos y Enrique a Tucson.

5. "Ya mero me _____", dice Carlitos a Enrique cuando sube a la camioneta (*van*) de Los Tigres del Norte.

6. Carlitos les dice a los músicos que la "migra" casi los _____.

7. La señora Snyder le _____ a Rosario que llegaron tarde porque fueron a un banquete: "You know how banquets are."

8. Rosario _____ de opinión y decide no casarse con Paco.

9. Paco dice que no sabe _____.

10. Doña Carmen _____ el número de teléfono de la señora Snyder en el álbum de Carlitos.

C. **En resumen** (2). Complete las oraciones con palabras de la lista "Otras palabras".

1. Rosario y Alicia van a la _____ para lavar la _____.

2. Cerca del teléfono público desde donde Rosario siempre llama a Carlitos, hay una _____ de cosas para fiestas y una _____ de autobuses.

3. La dirección de Rosario que tienen Carlitios y Enrique no es de una casa, o _____.

4. La _____ "Yo no soy abusadora" es de la cantante Laura León.

5. Alicia dice que Rosario tiene _____, que debe regresar a México.

6. En el hotel de Tucson Carlos mira la _____ y piensa en su madre.

D. **¿Y en México?** Para cada palabra subrayada, dé una palabra que se podría oír en México. (Consulte la sección "Expresiones regionales".)

> *Modelo:*
>
>   Muy bien, pues. Así se baila.
>
>   **Ándale, pues. Así se baila.**

1. ¡Cuidado! Viene el jefe.

2. Yo no puedo encargarme de un chico.

3. Muy listo con las tarjetas que te di.

4. Sólo tienes que llamarme y llego en seguida.

5. ¡Caramba! ¡Qué bonita foto!

6. No tengo trabajo.

7. Ve a hablar a tu papá. Ya, hazlo.

8. Casi es mi cumpleaños.

Temas de conversación o composición

Discuta con sus compañeros los temas que siguen.*

1. la frontera y la "migra" (¿Cómo cruzan Rosario y Alicia la frontera? ¿Llegan al otro lado las otras personas que iban con ellas? ¿Cómo piensan cruzar los tres hombres que hablan con doña Carmen? ¿Qué les pasa a los jóvenes mexicano-americanos? ¿Por qué no quería trabajar con ellos doña Carmen? ¿Por qué no quiere pasar a Carlitos? ¿Tiene doña Carmen principios morales o no? ¿Qué responsabilidad tienen los hombres que contratan (*hire*) a las personas sin papeles, como el hombre estadounidense en el lugar donde cultivan tomates? ¿Qué pasaría si nadie contratara a la gente sin papeles?)

2. la vida de Chito y la vida de Carlitos (¿Va a la escuela Chito? ¿Qué hace él? ¿Tiene ropa y zapatos nuevos como Carlitos? Según su opinión, ¿qué futuro tendrá?)

3. el trabajo (¿Quiénes buscan trabajo en esta película? ¿Qué clase de trabajos hacen? ¿Qué problemas tienen?)

4. la relación entre Carlitos, Rosario y Óscar (¿Cómo es Óscar? ¿Es una buena madre Rosario? ¿Hizo bien en ir a Los Ángeles para poder mandarles dinero a su madre y a su hijo? ¿Qué haría usted en esa situación?)

5. la música (¿Qué papel [*role*] tiene la música en esta película? ¿Los Tigres del Norte? ¿la canción "Superman es ilegal"? ¿Qué le pareció la escena en la que Enrique y Carlitos se cantan el uno al otro mientras lavan platos en el café? ¿Qué papel tiene la música en la fiesta de cumpleaños y en la fiesta de despedida (*farewell*) para Rosario?)

6. el título de la película (¿Qué le dijo Rosario a Carlitos que hiciera cuando la extrañara? ¿Cómo mantienen el contacto Rosario y Carlitos a pesar de la distancia que los separa? ¿Por qué son importantes las fotos en esta película? ¿las cartas?)

---

* Your instructor may ask you to report back to the class or write a paragraph about one of the topics.

Una escena memorable

Describa la fiesta de cumpleaños de Carlitos. ¿Qué hace la gente? ¿Quiénes están en casa de Benita? ¿Qué le dice Manuel a Carlitos y cómo reacciona Benita?

Hablan los personajes

Analice las siguientes citas, explique de quién son y póngalas en contexto. (Para una lista de los personajes, ver la sección "Preparación", Segmento 4. También están Los Tigres del Norte.)

1. "No llore. Carlitos, tú eres un Reyes y los Reyes somos fuertes."

2. "Paco es un gran tipo. Tiene un buen trabajo y además le gustas. ¿Qué más quieres? Tu vida no tiene que detenerse (*come to a stop*) porque tu hijo no está aquí, ¿eh?"

3. "Se creen mejor que uno nada más porque nacieron del otro lado, ¿verdad?"

4. "Is it worth your tuition? You want to drop out of school or you want to get the money? It's your choice."

5. "Hay que ser bien valiente para hacer lo que estás haciendo, Rosario."

6. "No, I just decided I'd like to try someone new.…. You'll find something else, cause you're young."

7. "Cantamos la historia de la gente, de sus vidas, de sus sueños...
    así como los tuyos."

8. "Y ¿qué tienen de maravilloso nuestras vidas, a ver? Todo el
    tiempo corriendo de la migra, viviendo en una cochera (*garage*)
    y, lo que es peor, queriendo siempre estar en otra parte."

9. "La gente cambia, Carlitos."

10. "Nadie escoge vivir así, Carlitos, nadie. A menos que tenga una
    buena razón. Y estoy seguro que para ella tú eres esa razón."

Hablando de la cultura...

El sistema de compadrazgo (*co-parenting*) existe en muchas regiones
del mundo hispano, incluso México. El padrino de Carlitos asiste a
su fiesta de cumpleaños (y probablemente a todas las ceremonias o
celebraciones importantes de su vida). El padrino y la madrina tienen
muchas responsabilidades, algunas financieras y otras sociales. El
padrino de Carlitos es el compadre de Benita y ella es su comadre. Los
padrinos son buenos amigos de la familia, aconsejan (*they give advice*)
a los niños y ayudan a toda la familia en caso de emergencia. Paco le
deja una carta a su padrino antes de irse de la casa y le dice a su abuela,
ya muerta, "Mi padrino se va a encargar de ti." ¿Tiene usted padrinos?
¿Qué papel tienen los padrinos en Estados Unidos o Canadá?

Hablan los críticos y los directores

La misma luna pone "una capa (*layer*) de dulce encima de los
mexicanos, en un desesperado intento de vendérselos a los gringos,
quienes no toleran ver una cultura representada como realmente
es, y que requieren un tratamiento McDonalds (o Taco Bell, en este
caso) para poder procesar las culturas ajenas (*foreign*).... Chantajista
(*Extortionist*) como una telenovela de Thalía, esta película parece
más un cuento de hadas (*fairy tale*) que una historia de migrantes...."

> —"*Bajo la misma luna* es el equivalente en cine de Taco
> Bell", *La Vanguardia* de México, 24 marzo 2008.
> http://www.vanguardia.com.mx/diario/detalle/blog/
> bajo_la_misma_luna_es_el_equivalente_en_cine_
> de_taco_bell/140769

¿Está usted de acuerdo? ¿Necesita la gente anglosajona "una capa de dulce" para poder simpatizar con los inmigrantes?

"Riggen also has to make fresh and plausible another familiar element of the plot: the stranger who is initially indifferent to, and even annoyed by, the child's presence but who gradually experiences a change of heart. These are often the most interesting characters in quest narratives, because they do change. This role is filled by a hard-bitten young man, Enrique (Eugenio Derbez), also on the run from the INS. Derbez initially comes across as a jerk, but he manages to convey his change of heart and growing concern for Carlitos without projecting a single false note or evoking sentimentality. We can easily believe the unhappiness of del Castillo's Rosario. But it makes all the difference that we can also believe in Alonso's Carlitos and Derbez's Enrique, because they are pivotal to the action and, emotionally, they are the most unsettled of any of the characters. Their performances—and the movie's sideways glance at the culture of illegal immigrants, including a funny song about Superman ('He has no social security and no green card')—give the movie its nicely controlled vitality."

—Philip Marchand, "Under the Same Moon: Shines Bright," *The Toronto Star*, el 4 de abril, 2008.

Para usted, ¿son realistas los personajes de la película? ¿Por qué sí o por qué no? ¿Qué escenas le parecen realistas? ¿Qué escenas no le parecen realistas?

Más allá de la película:
Entrevista con Patricia Riggen

Preparación

Skills: Guessing word meanings, Recognizing cognates

A. **¿Qué quieren decir?** Las siguientes frases tienen cognados, palabras muy semejantes (*similar*) en inglés y español. ¿Qué quieren decir? Escoja a o b. Después de leer la lectura, verifique sus respuestas (*check your answers*).

1. Mi <u>punto de vista</u> sobre el tema es diferente.
   - a. perspectiva
   - b. producto

2. Es <u>una gran cantidad</u> de personas.
   - a. una gran frecuencia
   - b. un gran número

3. <u>Estamos acostumbrados a ver cintas de migración</u> que son muy oscuras, que son crueles.
   - a. Vemos muchas películas sobre la migración
   - b. No nos gusta ver películas sobre la migración

4. La película es muy <u>luminosa, positiva</u> y llena de esperanza.
   - a. optimista
   - b. fácil de entender

5. Un estudio me va a <u>financiar</u> la película.
   - a. terminar
   - b. dar el dinero para hacer

6. <u>Me veo forzado a salir de aquí.</u>
   - a. Tengo que salir de aquí.
   - b. No veo ninguna salida aquí.

7. Muchas personas <u>emigran</u> porque no tienen trabajo.
   - a. van de un lugar a otro
   - b. sufren

8. Millones de trabajadores mexicanos van a Estados Unidos <u>en condiciones adversas.</u>

    a. en buenas situaciones

    b. en malas situaciones

B. Cognados

1. Si la palabra **actividad** quiere decir *activity*, ¿qué quieren decir las palabras…

    responsabilidad?   sociedad?   inequidad?

2. Si la palabra **situación** quiere decir *situation*, ¿qué quieren decir las palabras…

    intención?   separación?   condición?

    opinión?   atención?

3. ¿Qué quieren decir estos verbos?

responder	observar	identificar
abandonar	decidir	criticar
existir	concentrar	
considerar	convertir	

Entrevista con Patricia Riggen

Jorge Caballero entrevista a la directora Patricia Riggen en su artículo "Patricia Riggen aborda° el tema de los migrantes por el desmembramiento° familiar". — *broaches, approaches* / *split, break-up*

…De visita en la ciudad de México, [Patricia] Riggen charló con *La Jornada*. Señaló° que su película, que habla sobre la migración de mexicanos hacia Estados Unidos, surgió° "con la intención de conmover°; mucha gente me cuestionó sobre hacer una cinta que tratara el tema de la migración, que era un tema muy manoseado°. Les respondí que es como el de la guerra° y que se podría abordar desde muchas perspectivas; yo lo abordé por el del — *She pointed out* / *came about* / *move, touch* / *muy… overworked* / *war*

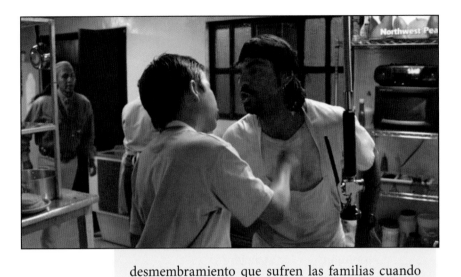

desmembramiento que sufren las familias cuando la madre abandona a sus hijos para irse a trabajar a Estados Unidos."

La cineasta extiende su respuesta: "También me han preguntado si está basada en una historia real; existen en Estados Unidos cuatro millones de mexicanas migrantes que se han visto forzadas° a abandonar a sus hijos, o sea, *La misma luna* está basada en cuatro millones de historias reales. Esta cantidad es como si existiera una ciudad completa de madres sin hijos en Estados Unidos y otra de hijos sin madre en México, lo cual me parece una injusticia terrible."

La misma luna sigue la historia de un niño de nueve años educado° por su abuela en México, porque su mamá trabaja ilegalmente en Estados Unidos. Cuando la abuela muere, el pequeño emprende° un viaje para reencontrarse con su madre. El filme está protagonizado por Adrián Alonso, Kate del Castillo, Eugenio Derbez, América Ferrera y Los Tigres del Norte.

Patricia Riggen considera: "Mi punto de vista sobre el tema es diferente, porque es desde la mirada° de un niño; pero sobre todo la diferencia

se... who've been forced

brought up

undertakes

viewpoint

está en el tono en que está narrada la película.
Estamos acostumbrados a ver cintas de migración
que son muy oscuras° y deprimentes°, que son
crueles; esta película es muy luminosa°, positiva y
llena de esperanza. La hice para que le gustara a
los migrantes no para agradar° a los que viven en
la colonia Condesa°, a los que observan desde la
comodidad° de una sala de cine VIP... Quise hacer
una película que les gustara a los migrantes, por lo
tanto° son personajes bellos, solidarios°, capaces de
reírse de° su situación, son humanos. Además metí a
los actores que les gustan y la música que escuchan,
como Los Tigres del Norte.

dark / depressing

luminous, bright

please

colonia... a
  wealthy area of
  Mexico City /
  comfort
por... therefore
  / supportive
  / capaces...
  capable of
  laughing about

"La película aún no se estrena° pero es muy
importante que llegue a ese público, porque es
su historia. Creo que habrá opiniones de que es
muy comercial, pero no es ésa la intención, nunca
pensé en hacerla, porque ya tenía un trato° con un
estudio para que me financiaran la película, pero me
querían hacer unos cambios en la parte creativa, de
contenido° y en el casting, así que rechacé° el dinero
y decidí el camino independiente."

aún... is still not
  being premiered

agreement

content / I refused

Mover y conmover

La autora del documental *Retrato° de familia*,
que aborda el tema de la pobreza° de los negros
en Harlem, precisa°: "El guión de *La misma luna*
cambió mucho de cómo lo recibí a cómo lo filmé,
pero esencialmente trataba de la separación de una
madre y su hijo por motivos económicos. Supe que
había una buena historia para hacer lo que a mí
me gusta: mover y conmover. No hay relación más
fuerte que la de una madre con un hijo y, por lo tanto,
no hay dolor° más fuerte que su separación... La
película no es explícitamente política, me concentré°
en el lado humano de un problema político. Quise

Portrait
poverty
gets more specific

pain
me... I
  concentrated

convertir la estadística en algo con lo que uno se puede identificar…"

Patricia Riggen finalizó: "La película no critica explícitamente las políticas migratorias del gobierno° estadounidense, como la construcción del muro° fronterizo, a la cual me sumo°. Más bien° trata de llamar la atención sobre la idea de que el problema está en el gobierno de México, que tiene la responsabilidad de ver por sus ciudadanos; preguntarnos qué está haciendo mal, para que millones de trabajadores mexicanos emigren a Estados Unidos en condiciones adversas. Es una muestra° de inequidad, injusticia, desesperanza°… nadie deja lo más preciado° de su vida, como son los hijos, y México les niega° esa esperanza a todos esos millones de mexicanos migrantes.

"Qué estamos haciendo mal en nuestro país que tiene al millonario número uno del mundo y otros tantos en el top 100; además México es el segundo país en comprar autos de superlujo°, de esos que valen más de 500 mil dólares, en la ciudad de México hay tres tiendas de diamantes° Tiffany's cuando en Nueva York hay una… para mí eso es indignante°. Hay que comenzar a responsabilizarnos de lo que estamos haciendo como gobierno y sociedad."

---

government
wall
a… *to which I add myself (as a critic) / Más… Instead*

sign / hopelessness
precious
denies

superluxury

diamonds
outrageous

Exploración

Skills: Getting main ideas, understanding details, interviewing a Hispanic immigrant

A. **Preguntas**

1. Según Riggen, ¿está basada *La misma luna* en una historia real?

2. Aunque muchas películas tratan el tema de la migración, ¿por qué es diferente el punto de vista de este filme, según la directora?

3. Riggen dice que tenía un trato con un estudio pero que decidió hacer la película independientemente. ¿Por qué tomó esa decisión?

4. ¿Quería Riggen hacer una película política?

5. ¿Está a favor la directora de la construcción del muro fronterizo?

6. ¿Qué pregunta se debe hacer sobre el gobierno de México, según la directora?

7. ¿Qué ejemplos da Riggen de la riqueza de México? (NB: El mexicano Carlos Slim era el hombre más rico del mundo en 2007.)

B. **Entrevista.** Entreviste a un(a) inmigrante hispano(a) acerca de sus experiencias en este país y antes de venir aquí. Puede ir al departamento de inglés como lengua extranjera o al centro de la comunidad local—o su profesor(a) le puede ayudar a encontrar un ciberamigo(a) por Internet. Algunas preguntas posibles:

1. ¿Cómo era su vida antes de llegar aquí? ¿Dónde vivía? ¿Tenía trabajo? ¿Estudiaba?

2. ¿Cómo cambió su vida al llegar a este país?

3. ¿Qué extraña de su país? ¿La gente? ¿el clima? ¿alguna comida? ¿un día de fiesta especial?

4. ¿Piensa usted regresar a su país de origen algún día?

¿Tiene mucho en común la persona que usted entrevistó con los personajes de *La misma luna*? ¿En qué se parecen? ¿En qué se diferencian?

CAPÍTULO 2

Danzón

Presentación de la película

Julia no sabe qué pensar. Carmelo, su pareja de baile durante muchos años, ha desaparecido (*disappeared*). ¿Qué le habrá pasado? ¿Estará enfermo? ¿Tendrá problemas con la ley? Julia está obsesionada, "neurótica", pensando en él. Empieza una búsqueda que cambiará su vida…

- María Novaro, la directora, también dirigió: *Azul celeste* (1987), *Lola* (1989), *El jardín del Edén* (1994), *Sin dejar huella* (2000) y *Las buenas hierbas* (2008).

- *Danzón* ganó un premio a la mejor película del año en México y a la mejor película en el festival latino de películas de Nueva York en 1991. Fue seleccionada para la Quincena de Realizadores del Festival de Cannes. Beatriz Novaro escribió el guión en colaboración con su hermana, María.

- María Rojo interpreta a Julia. Recibió premios a la mejor actriz en los festivales de Chicago y de Valladolid, España.

29

Vocabulario preliminar

Cognados

la academia	robar
elegante	el/la telefonista
el número	el telegrama
el/la operador(a)	

El baile

agarrar	*to hold; to catch*
el concurso	*contest*
hacer un cuadro	*to make a square*
el/la maestro(a) (de baile)	*(dance) teacher*
la pareja	*partner; pair*

Otras palabras

ahogarse	*to drown*
el/la artista	*actor (actress); artist*
el barco	*ship*
la bronca	*(colloquial) problem, dispute*
el/la cocinero(a)	*cook*
correr (del trabajo)	*(colloquial) to fire (from one's job)*
¿Cómo crees?	*(colloquial) How can you think that? How could that be possible?*
el crimen	*murder, felony, crime*
cuidar(se)	*to take care of (oneself)*
culpable	*guilty*
dulce	*sweet*
el galán	*beau, handsome guy; here, boyfriend*

griego(a)	*Greek*
hacer caso	*to pay attention*
larga distancia	*long distance*
llorar	*to cry*
mentir (ie)	*to lie*
el muelle, los muelles	*wharf, docks*
picar	(*colloquial*) *to bother, bug*
por si las moscas	(*colloquial*) *just in case*
Se me hace que…	(*colloquial*) *I have a hunch that…, I think that…*
la tos	*cough*
el/la viejo(a)	(*colloquial*) *old man, husband* (*woman, wife*)

A. **Mi novio y yo.** Complete el párrafo con palabras de la siguiente lista.

academia	corrieron	culpable	lloré
barco	crimen	elegante	pareja
cocinero	cuadro	griego	robar
concurso			

Mi novio es maestro en una (1) _____ de baile. Antes,

era (2) _____ en un restaurante (3) _____,

"Casa Atenas". Pero lo acusaron de (4) _____ dinero

de la caja (*cash register*) y lo (5) _____ del trabajo. No

era (6) _____ de ningún (7) _____. Eso fue

muy injusto y yo (8) _____ mucho cuando me contó

lo que le había pasado. Pero poco después consiguió el trabajo

de sus sueños y ahora da lecciones de salsa y danzón. Cuando

participa en competiciones, yo soy su (9) _____ de

baile. Me enseñó a bailar danzón, un baile algo formal pero

bastante fácil: sólo haces un (10) _____ con los pies.

Hace un mes ganamos un (11) _____ de baile… ¡y una
semana en Acapulco! Fuimos en (12) _____ hasta allí y
nos quedamos en un hotel muy (13) _____. Nadamos,
hicimos windsurf y tomamos sol en la playa, pero no fuimos a
bailar ni una vez.

B. **¡Es lógico!** Escoja la respuesta más lógica.

1. ¿Qué tal su viaje a Europa? ¿Les gustó?
   a. Sí, estuvimos en los muelles.
   b. Sí, fuimos en barco.
   c. Vamos en tren, por si las moscas.

2. Mi amiga Gabi canta en un "show" y a veces aparece en la
   televisión.
   a. Ah, ¿es artista?
   b. ¿Es telefonista?
   c. ¿Cómo crees?

3. ¿Qué te pica, querida?
   a. Es que nunca me haces caso.
   b. Es que no me mientes nunca.
   c. Es que siempre me defiendes, viejo.

4. El doctor me dice que tengo mononucleosis.
   a. ¿Tienes tos?
   b. ¿Por qué te miente?
   c. Descansa y cuídate mucho.

5. Tuve una bronca con mi jefe el otro día. Si no voy al trabajo
   ahora, estaré frita (*in hot water*).
   a. ¿Te van a celebrar?
   b. ¿Te van a ahogar?
   c. ¿Te van a correr?

6. Carmen, tienes una llamada de larga distancia.
   a. ¿Es la operadora?
   b. ¿Qué número es?
   c. Se me hace que mi galán me quiere hablar.

7. El chico agarró unas galletas (*cookies*) y se fue.

    a. Sí, lo sé, fue a jugar béisbol.

    b. Habrá recibido un telegrama.

    c. No le gustan los dulces.

Segmento 1

Preparación

La música

1. ¿Qué clase de música le gusta más a usted?
2. ¿Cuáles son sus músicos o cantantes favoritos?
3. ¿Qué clase de música es la más romántica, en su opinión?
4. ¿Le gusta bailar? ¿Va a espectáculos de danza o baile?

Exploración

1. ¿En qué trabajan Julia y Silvia?
2. ¿Quién empieza a trabajar con ellas? ¿Parece un trabajo interesante? ¿Siempre trabajan a las mismas horas?
3. ¿Por qué está enojada Silvia con Chucho? ¿Por qué se reconcilian después?
4. Cuando Carmelo no llega al salón de baile, ¿qué le sugiere Silvia a Julia?
5. ¿Qué tiene Julia en las paredes de su apartamento?
6. Según Perlita, cuando habla con Tere, ¿cuál es la relación entre Carmelo y su mamá? ¿Le cree Tere?
7. ¿Cómo se sabe que Julia es una buena madre? ¿Por qué le dice Tere a Julia, «No seas tan posesiva»?
8. ¿Qué le cuenta Silvia a Tere sobre Carmelo? ¿Por qué «se peló» (se fue) tan de repente (*suddenly*), según Chucho?
9. Después de buscar a Carmelo en muchos lugares, Julia visita a una mujer que lee las cartas y predice el futuro. ¿Qué dicen las cartas?

Nota cultural

Julia y Silvia viven y trabajan en Ciudad de México, la capital, también conocida como "el DF" o el Distrito Federal. Es una de las ciudades más grandes del mundo. Fue fundada por los aztecas sobre el lago Texcoco hace unos 700 años y casi destruida en 1521, cuando Hernán Cortés la conquistó. Los habitantes del DF se llaman "chilangos".

Segmento 2

En la primera escena de este segmento, Julia está con sus amigas en un salón de baile, pero no quiere bailar.

Preparación

Una decisión espontánea. ¿Ha tomado usted alguna decisión espontánea alguna vez, una decisión que sus amigos o padres no consideraban buena o razonable? ¿Cuál? ¿Qué resultado tuvo?

Exploración

1. ¿Qué decisión toma Julia?
2. ¿Qué piensan sus amigas de su decisión?
3. ¿Parece Julia feliz cuando llega a Veracruz?
4. ¿Quién recoge los aretes (*earrings*) que Julia deja en el bar?
5. ¿Quién es doña Ti? ¿Qué hace ella?
6. ¿Cómo trata doña Ti de ayudar a Julia?
7. ¿Por qué va Julia al Parque Zamora?
8. ¿En qué trabaja Susy?
9. ¿Qué noticias tiene Susy de «Canelo»?

Segmento 3

En la primera escena de este segmento, Julia le enseña a bailar a Susy.

Preparación

Los personajes. Lea las descripciones y los nombres de los personajes. Trate de emparejar (*match*) cada personaje con su descripción; si no sabe todas las respuestas, adivine (*guess*). Después de ver este segmento, vuelva a completar este ejercicio.

_____ 1. personaje principal, una mujer que
        ha ganado muchos premios de baile

_____ 2. hija de Julia

_____ 3. mejor amiga de Julia

_____ 4. dueña o gerente (*owner or manager*)
        de un hotel en Veracruz

_____ 5. un joven que trabaja en el puerto de
        Veracruz

_____ 6. pareja de baile de Julia

_____ 7. una prostituta que vive en el hotel
        donde Julia se queda

_____ 8. un travesti (*transvestite*) que es
        artista en Veracruz

a. Doña Ti
b. la Colorada
c. Silvia
d. Carmelo
e. Julia
f. Perlita
g. Susy
h. Rubén

Exploración

1. ¿Qué problema tiene Julia cuando enseña a bailar a Susy?
2. ¿Qué noticia escucha Julia en la radio?
3. ¿Adónde va Julia para buscar a Carmelo?
4. ¿A quién conoce Julia en los muelles?
5. ¿Por qué le dice Julia a Rubén que busca a su primo? ¿Qué otras mentiras le dice?

Nota cultural

La ciudad de Veracruz está en la costa atlántica de México, a 400 kilómetros de la capital. Tiene uno de los puertos más importantes del país. La ciudad fue fundada por Hernán Cortes en 1519; se llamaba Villa Rica de la Vera Cruz. Los habitantes de Veracruz se llaman "jarochos" y tienen fama de ser cálidos (*warm*), como su clima, y amables.

6. ¿Qué tienen que ver los nombres de los barcos (*Amour fou, Puras ilusiones, Amor perdido, Me ves y sufres*) con la historia?

7. ¿Por qué cambia Julia la fecha de su viaje?

8. Según Susy, ¿por qué no regresa Julia al D.F., a la capital?

Nota cultural

El danzón tiene su origen en la danza caribeña, un baile lento y refinado adaptado de los valses y mazurkas europeos. Los conjuntos (*bands*) que tocaban danzas se llamaban *charangas*. Al danzón original se introdujo el "nuevo ritmo", que llevó al danzón-chá, al cha-cha-chá y al mambo. Es muy popular en la costa caribeña de México (especialmente en Veracruz), que está cerca de Cuba y tiene influencia cubana. El "Salón México" del DF es famoso por el danzón.

Segmento 4

En la primera escena de este segmento, Susy y Julia están al lado del mar.

Preparación

¿Julia, doña Ti, Rubén o Susy? ¿Con qué personaje se asocia cada una de las siguientes cosas? ¿Por qué?

> *Modelo:*
>
> las galletas y el azúcar
>
> **Doña Ti, porque siempre le ofrece algo dulce a Julia y trata de consolarla.**

1. los clubes nocturnos
2. la música triste
3. los barcos
4. la juventud
5. los teléfonos
6. un corte de pelo
7. la soledad
8. "El coquero"
9. un viaje en tren
10. un nombre artístico

Exploración

1. ¿Qué tiran Susy y Julia al mar? ¿Qué contiene?
2. ¿Sabe Rubén bailar danzón?
3. ¿Quiénes llegan al Hotel Rex buscando a Julia?
4. ¿Por qué decide Julia dejar a Rubén?
5. ¿Qué hace Julia al irse de Veracruz? ¿De quién se despide (*say good-bye*)? ¿De quién no se despide?
6. ¿A quién le deja Julia sus discos?
7. ¿Se reconcilió Silvia con Chucho?
8. ¿A quién le dedican una canción en el salón de baile?
9. ¿A quién ve Julia en el salón de baile en la capital?
10. ¿Se miran a los ojos?

Nota cultural

En esta película, la música popular es muy importante. La canción "Viajera" se escucha antes del viaje de Julia a Veracruz en busca de Carmelo. En "Amar y vivir" el cantante dice que no quiere arrepentirse de lo que pudo haber sido (*regret what might have been*) y que no fue. Cuando Susy canta "El coquero", es irónico que un hombre vestido de mujer interprete ese papel: ¿están fluctuando continuamente los roles sexuales? Susy también canta "Tú estás siempre en mi mente" de Juan Gabriel; Julia y Susy le escriben estas palabras a Carmelo y ponen el mensaje en una botella que Julia tira al mar. Doña Ti canta "Irremediablemente sola" de Toña la Negra. Su canción "Azul" es una de las muchas referencias a los colores en la película; para María Novaro, el uso del color es muy importante.

Análisis y contraste cultural

Vocabulario

Algunas características físicas*	
alto(a)	*tall*
flaco(a), flaquito(a)	*thin, skinny*
fuerte	*strong*
guapo(a)	*good-looking, handsome, beautiful*
güero(a), güerito(a)	*(Mexico and Central America) fair*
moreno(a)	*dark, brown-skinned (also, in some contexts, black)*
negro(a), negrito(a)	*black, dark*

*Notice that **flaco**, **güero**, and **negro** or their diminutives are used as terms of affection in the film. **Moreno(a)** is often used for someone of African ancestry.

En el hotel	
la almohada	*pillow*
el cuarto, la habitación	*room*
descansar	*to rest*
la llave	*key*
pagar por adelantado	*to pay in advance*
el ventilador	*fan*

Expresiones regionales*	
ser un cuero; ¡Qué cuero!	*to be an attractive man or woman; How good-looking! What a hunk!*
¡Híjole!	*Wow! Jeeze!*

mano(a), manito(a)	*short for* hermano(a), *used among good friends or to express affection*
Me vale.	*I don't give a darn. (slightly vulgar)*
Ni loco(a).	*No way.*
Órale.	*All right. OK. That's it. (used mainly to encourage someone to do something or to accept an invitation)*
padre, padrísimo(a)	*great, super*
vacilar	*to tease, joke around with (e.g., no me vaciles)*

*These terms are not used exclusively in Mexico—some are heard elsewhere as well. All of them are colloquial.

El cuerpo humano: Repaso rápido

la boca	*mouth*
el brazo	*arm*
la cara	*face*
el dedo	*finger*
la mano	*hand*
la mejilla	*cheek*
el ojo	*eye*
el pelo	*hair*
la rodilla	*knee*

A. **¡Qué antro!** (*What a dump!*) Complete el párrafo con palabras apropiadas de la lista "En el hotel".

Cuando llegamos a Miami, estábamos muy cansados y sólo queríamos encontrar un hotel y (1) _____ .

El primer hotel que encontramos resultó ser barato.

Tuvimos que pagar por (2) _____ . Nos dieron un

(3) _____ pequeño y sólo una (4) _____ . En
la cama había dos (5) _____ , pero eran muy duras. No
había aire acondicionado ni (6) _____ a pesar del calor.
"¡Qué antro!" dijo mi esposo. Dormimos unas ocho horas y al
día siguiente nos fuimos.

B.   **Descripciones de los famosos.** Escoja un adjetivo de la lista
"Algunas características físicas" para describir a…

1.   Antonio Banderas

2.   Cameron Díaz

3.   Sammy Sosa

4.   Jimmy Smits

5.   Jennifer López

C.   **¿Y en México?** Para cada palabra subrayada, busque una palabra
que se podría oír en México. (Consulte la sección "Expresiones
regionales".)

> *Modelo:*
>
> ¿Viste a Christina Aguilera?   —Sí, ¡qué <u>bonita</u>!
>
> **¿Viste a Christina Aguilera?   —Sí, ¡qué padre!**

1.   Mira a ese hombre. ¡Qué <u>atractivo</u>!

2.   ¿Me prestas dos mil pesos? <u>--De ninguna manera</u>.

3.   <u>No bromees conmigo.</u> No te creo.

4.   ¿Quieres bailar? <u>--Sí.</u>

5.   <u>¡Caramba!</u> ¡Eso sí que es ridículo!

6.   ¿Qué tienes, <u>amiga</u>? ¿Por qué lloras?

7.   Te van a correr del trabajo. <u>–No me importa</u>.

D. **Repaso rápido.** Sin mirar la lista de vocabulario, trate de nombrar por lo menos ocho partes del cuerpo humano: ¡rápido!

Temas de conversación o composición

Discuta con sus compañeros los temas que siguen.*

1. el baile del danzón (¿Quién lo dirige, con tres dedos: el hombre o la mujer? ¿Qué figura hay que hacer? ¿Adónde debe mirar la mujer? ¿Qué clase de ropa y zapatos usa la mujer? ¿Cómo cambia Julia su modo de bailar al final de la película?)

2. la vida de Julia en la capital y en Veracruz (¿Qué le pasa cuando sale de la rutina diaria? ¿Dónde tiene más apoyo (*support*) emocional? ¿Dónde tiene más libertad? ¿Se rebela contra su rutina, su hogar (*home*), su trabajo, el paso del tiempo…?)

3. la Colorada (¿Por qué trabaja casi todos los días, incluso los domingos? ¿Cuál es la reacción de Julia ante ella?)

4. doña Ti (¿Qué clase de canción canta siempre? ¿Acepta a las prostitutas? ¿Acepta el abuso que los padrotes (*pimps*) cometen con ellas como algo "normal"? ¿Es una mujer con valores feministas o independientes, o es una mujer que acepta un mundo dominado por los hombres? ¿Acepta a Susy y a Karla?)

5. la marginación (¿Qué personajes viven al margen de la sociedad, en general? ¿Qué personajes son más femeninos? ¿más cariñosos? ¿más independientes?)

6. la relación entre Julia y Carmelo (¿Han mejorado su relación con el tiempo? ¿Cree usted que su relación va a cambiar?)

7. el dicho: "Lo bailado, ¿quién te lo quita?" (¿Quién lo dice a quién en la película? ¿Por qué? ¿Qué quiere decir?)

8. el uso del color en la película (María Novaro es famosa por el uso que siempre hace del color; algunos la llaman una directora expresionista. ¿En qué escenas es importante el color? ¿En qué canciones?)

---

* Your instructor may ask you to report back to the class or write a paragraph about one of the topics.

Una escena memorable

Describa la relación entre Julia y Susy. ¿Qué aprende Susy de Julia? ¿Qué aprende Julia de Susy? ¿Cuál es más romántica?

Hablan los personajes

Analice las siguientes citas, explique de quién son y póngalas en contexto. (Para una lista de los personajes, ver la sección "Preparación", Segmento 3.)

1. "Todos los hombres son iguales, mi reina. Pero no hay de otros, de veras."

2. "Para mí, esto del baile es sagrado (*sacred*)."

3. "Yo sé cuánto lo amabas, pero es preciso que lo olvides… Se ahogó."

4. "Ahí está la cosa: en el instante en que se pescan las miradas (*there are stolen glances*) está dicho todo, ¿no?"

5. "Quieres una galleta, ¿verdad? Ay, dichosa tú, que tienes a tu hija. Pero yo…, ¿todo para qué? Ni me vienen a ver. Aquí estoy siempre sola."

Hablando de la cultura...

En esta película hay muchas escenas entre madres e hijos. ¿Cómo tratan las mujeres a los niños o bebés en este film? En general, ¿cómo es la imagen de la maternidad en *Danzón*? Dé ejemplos. ¿Sería diferente la imagen de la maternidad en una película de Hollywood?

Hablan los críticos y los directores

"Aunque la vida de las mujeres de *Danzón* gira alrededor de (*revolves around*) los hombres, el filme se refiere más a los lazos (*ties*) que establecen ellas entre sí, que a sus relaciones con el sexo opuesto. El hombre es un objeto en sus vidas: un punto de referencia para determinar sus historias. Así, el viaje de Julia es, en realidad, una travesía hacia el interior de sí misma (*her inner self*). Al final, ella regresará a su mundo de mujeres; su búsqueda del hombre la llevará de nueva cuenta a su femineidad.

Para las mujeres de *Danzón*, los hombres son personajes que van de paso, como los marineros (*sailors*). Los hijos de doña Ti, los amantes de la Colorada, Carmelo y hasta el mismo Rubén, son personajes que se mueven, mientras que las mujeres permanecen (*remain, are constant*). En esta visión femenina del México contemporáneo, la mujer es quien tiene la sartén por el mango."

> — "Películas del cine mexicano" http://
> www.mty.itesm.mx/dcic/carreras/lcc/
> cine_mex/pelicula8.html.

¿Está usted de acuerdo con lo siguiente?: En *Danzón*, es la mujer quien "tiene la sartén por el mango" (tiene control de la situación). ¿Por qué sí o por qué no?

"Yo sí estoy buscando cómo hacer puentes (*bridges*), una propuesta para el espectador de hoy que ve tantísimo cine estadounidense, que tiene tanta prisa y le gusta la acción y los efectos especiales; que vive en un mundo bombardeado de imágenes publicitarias, manipuladoras. Me planteo modos de volver a contar historias sobre nosotros los mexicanos: quiénes y cómo somos, la forma en que nuestra madre nos ayudó a comer; el porqué cuando nos tomamos dos copas, cantamos los boleros con todas sus letras (*lyrics*): debajo del cascarón (*shell, hard skin*) cosmopolita, contemporáneo y global que se tenga, en realidad existe una forma de ser, definida por nuestra cultura, medio y relaciones."

> — María Novaro, en una entrevista con Gabriel Ríos en Aguascalientes, México, el 26 de agosto, 2000.

En *Danzón*, ¿muestra Novaro una "forma de ser" mexicana? Describa algunas escenas y señale las diferencias que tendría con una película de Hollywood.

Más allá de la película:
Entrevista con María Novaro

Preparación

Skills: Recognizing cognates, making adverbs from adjectives

A. **Cognados**. ¿Qué tienen en común las siguientes palabras de la lectura? ¿Qué quieren decir?

1. la selección	8. la condición
2. la relación	9. la opinión
3. la imaginación	10. la sensación
4. la ilusión	11. la función
5. la conclusión	12. la locación
6. la formación	13. la educación
7. la generación	

B. **Adverbios**. Haga adverbios de los siguientes cognados. Use la forma femenina del adjetivo. ¿Qué quieren decir?

> *Modelos:*
>
> rápido > **rápida** > **rápidamente** > rapidly, quickly
>
> constante > **constantemente** > constantly

1. eterno	6. brutal
2. directo	7. simple
3. natural	8. clásico
4. claro	9. final
5. real	10. perfecto

Entrevista con María Novaro

[En esta selección del libro *Quince directores del cine mexicano* Alejandro Medrano Platas entrevista a María Novaro acerca de la película *Danzón*; hablan de Julia y de su relación con Carmelo.]

El personaje de Carmelo, su eterna pareja de baile, funciona como un pretexto para que Julia deje su confort citadino° y emprenda° el viaje en su busca. En términos simbólicos, ¿tiene algún significado para ti, más allá de ser Carmelo?

                                            city / undertake

Todos los que quieras°... Beatriz (Novaro, hermana de María) y yo, cuando estábamos trabajando el esquema° de la historia, en un momento dado, muy al principio, la película iba a tratar, también, de Carmelo. Iba a ser un personaje principal, el danzonero, pero realmente, como trabajábamos mucho con nuestro inconsciente, dejamos que las cosas salieran muy directamente, trabajamos con nuestros sueños°, con nuestros diarios, nos metemos en las cosas, dejamos que salgan cosas muy personales, y de una manera, totalmente natural, resultó que Carmelo desaparece después de la primera escena y no reaparece sino hasta el final, y que en la película Julia trata de buscarlo.

Todos... All that you like

schema, outline

dreams

48

¡De película!

De… *In fact*

a… *through the filter*

carne… *flesh and blood*

unexpected

nos… *we spent*

me… *I was getting nervous*

funny

it was happening

lo… *makes him seem incapable*

guilt

trait

mailbag

choices

fight

Y era muy claro que era un personaje muy de la imaginación de Julia, de su fantasía, de su ilusión. De hecho°, él y los otros personajes, todos los masculinos, son vistos siempre a través del filtro° de la imaginación femenina, o de la fantasía e ilusión femenina. No son personajes de carne y hueso°; el personaje masculino más real de toda la película es un travestí… Yo llegué a la conclusión de que (Carmelo) no podía ser un actor identificable, que no podía ser un hombre guapo, tenía que ser algo más original, mucho más inesperado°.

De hecho, empezamos a filmar la película, sin que existiera Carmelo. Creo que nos echamos° una semana y media de rodaje, sin que hubiera actor. Ya me estaban dando nervios°; claro que su parte se filmaba en México; primero fuimos al puerto de Veracruz, teníamos cuatro semanas de rodaje allá y para buscar a Carmelo.

Pero era chistoso° porque, además, en la película nos sucedía° lo que sucede en la historia, estábamos en Veracruz, María [Rojas] y yo, buscando a nuestro Carmelo, pero no había tal Carmelo.

Al final, vuelve Julia a la realidad; el corte de cabello de su amigo que lo hace verse° más joven pone fin a su romance. ¿Es incapaz° Julia de amar sin sentir culpa°?

…La culpa es un rasgo° femenino muy fuerte, es parte de la formación de las mujeres… La manera que se nos pasa la estafeta° de la culpa, de una generación a otra, es brutal. Es, quizá, una de las cosas contra las que más me rebelo, y de las que más noto que las mujeres, en nuestras diferentes condiciones, con nuestras diferentes opiniones y elecciones°, tenemos que luchar° constantemente.

Entonces, yo creo, que sí es un rasgo que siempre exploro de la mujer. Pero no sé, desde mi punto de vista, Julia al dejar el joven, no lo hace por una sensación de culpa. Lo hace porque cuando él se corta el pelo, lo ve chiquito, simple y sencillamente...

El viaje de Julia al puerto la acerca° al otro sexo con la aparición° del Travestí. ¿También tiene prejuicios° ante el tercer sexo?

la... draws her closer
appearance / prejudices

Yo no creo que tenga prejuicios, porque está abierta°, escucha. Tiene una formación social, pudorosa° y convencional de clásica mexicana, hasta que no le dicen que es artista le cae el veinte°.

open
decent, modest
hasta... she doesn't wise up until they tell her he's an actor.

Yo creo que Julia es un personaje formado dentro de una sociedad con mil estupideces, mil cortapisas°; esto debe ser así, esto no; lo propio° es esto: la falda se usa hasta aquí, una mujer mayor no puede bailar con un hombre más joven, se ve° mal.

restrictions / lo... the proper thing
se... it looks

En fin, está llena de esas cosas su cabecita, pero la Julia verdadera, la Julia que está adentro, es un ser generoso y abierto... El colmo° de la femineidad la tiene el Travestí, tenía que ser Susi el que más suspirara°, el que más románticamente viviera la búsqueda de Carmelo. Para Susi, es mucho más romántica la búsqueda de este personaje que para la misma Julia.

height
sighed

Julia regresa a la ciudad, se reintegra a su mundo familiar y de trabajo, así como a las noches en el salón de baile; finalmente Carmelo reaparece. ¿El danzón, lo ves como una metáfora de las relaciones humanas, con su extraña función de acercamiento°/ distanciamiento/silencio?

coming close

Sí. Lo veo mucho como esa metáfora entre el hombre y la mujer... Cuando empezamos a escribir, nunca pensamos que iba a ser danzón lo que bailaba

el personaje; sabíamos que iba a salones de baile. Yendo después a los salones de baile para escoger mis locaciones, mis actores, mis escenas, observando todo eso, me enamoré del danzón, entonces, dije: No sé en qué se va a convertir°, pero en este momento, lo puedo reflexionar como que° así nos relacionamos sexualmente, tiene una carga° sexual fuerte.

Los hombres y las mujeres se mezclan de una manera muy contenida°, muy disfrazada°, muy propia, muy llena de reglas, la coquetería de la mujer; ella seduce, el hombre manda, todo eso, refleja perfectamente mi educación sentimental como mexicana…

Bueno, y el asunto de los danzoneros, según ellos dicen: en el baile y en la vida, el hombre manda y la mujer obedece°. Entonces, yo, claro trasponiéndolo° a mi generación y a mi vida dije: en el baile sí pero en la vida ya no, y en la película es un poco eso: Julia en el baile obedece, sigue a su pareja, pero en la vida es dueña de sí misma°.

en… *what it will turn into* / lo… *I can consider it in this way* / *charge*

restrained / *disguised*

obeys / *transposing it*

es… *she's her own boss*

Exploración

Skills: Getting main ideas, talking about tastes and preferences

A. **Preguntas**

1. ¿Cómo iba a ser el personaje de Carmelo cuando Beatriz y María estaban trabajando en el esquema de la película, al principio? ¿Qué pasó después?

2. Según María Novaro, ¿a través de qué se ven los personajes masculinos de *Danzón*?

3. ¿Qué buscaban María Novaro y María Rojas en Veracruz? ¿Por qué fue irónico eso?

4. Según Novaro, ¿cuál es un rasgo femenino muy fuerte? ¿Qué opina usted de esta característica: qué deben hacer las mujeres?

5. ¿Por qué deja Julia a Rubén, el chico de Veracruz, según la directora?

6. ¿Tiene Julia prejuicios ante el "tercer sexo"?

7. ¿Qué personaje vivió más románticamente la búsqueda de Carmelo?

8. Cuando empezaron el rodaje, ¿sabían María y su hermana Beatriz que los personajes principales iban a bailar danzón? ¿Por qué escogieron el danzón?

9. Según Novaro, ¿sigue Julia a su pareja cuando baila? ¿y en la vida?

B. **Actividad**. María Novaro se enamoró del danzón mientras estaba filmando la película. Y a usted, ¿qué clase de música le gusta? Con un(a) compañero(a), entrevístense para descubrir sus gustos musicales. Tome apuntes (*notes*). Algunas preguntas posibles:

1. ¿Cuál es tu cantante favorito(a)?

2. ¿Cantas tú? Si es así, ¿cuándo te gusta cantar? ¿Cuando estás trabajando? ¿En la ducha (*shower*)? ¿en un coro (*chorus*)?

3. ¿Qué clase de música te gusta escuchar cuando quieres relajarte (*relax*)?

4. Cuando haces tus tareas, ¿escuchas música normalmente? ¿O prefieres trabajar en silencio?

5. ¿Te gusta bailar? ¿Qué clase de música te gusta para bailar?

6. ¿Tocas un instrumento musical? ¿Tomaste lecciones de música?

7. ¿Has bailado, cantado o tocado música en una situación formal, delante de mucha gente? ¿En qué situación? ¿Cómo te sentías?

8. ¿Has ganado un premio de baile o de música? Si es así, ¿qué premio?

9. ¿Tienes un conjunto (*band, group*) musical favorito?

Haga un pequeño reportaje (oral o escrito) sobre los gustos musicales de su compañero(a).

CAPÍTULO 3

De eso no se habla

Presentación de la película

Leonor, una viuda rica, vive en San José de los Altares, un pueblo imaginario en la costa argentina en la década de 1930. Su hija Carlota (o Charlotte) cumple dos años. Leonor ve que Carlota no ha crecido mucho: es muy pequeña para su edad. Pero Leonor no quiere oír nada del asunto: simplemente dice "De eso no se habla".

- María Luisa Bemberg, la directora de la película, fue fundadora de la Unión de Feministas Argentinas y una de las co-fundadoras del Festival Internacional de Cine de Mar del Plata. Sus películas de largometraje son: *Momentos; Señora de nadie; Camila; Miss Mary; Yo, la peor de todas* y *De eso no se habla*.

- La película se basa en un cuento del mismo nombre de Julio Llinás, poeta y crítico de arte argentino. Fue filmada en Colonia, un pueblo histórico uruguayo sobre el Río de la Plata frente a Buenos Aires.

- El célebre actor italiano Marcelo Mastroianni interpreta el papel de Ludovico D'Andrea. La música es del famoso compositor italiano Nicola Piovani.

Vocabulario preliminar

Note: In Argentina the letters *ll* often sound like /*j*/ in English: **llorar**, for instance, might be pronounced as if it began with an English *j*. The **vos** form is common instead of **tú**, so expect to hear some commands and verbs in the present tense with the emphasis on a different syllable than you are used to hearing and perhaps other modifications as well: **Sentate, dormite, acordate.** The **vos** form of the verb **ser** is **sos**: **¿De dónde sos?** Notice, however, that in this film **usted** is used primarily, since in the 1930s the level of formality was greater than it is today.

Cognados	
árabe	maravilloso(a)
el cadáver	el ornamento
el circo	el/la pianista
el concierto	el trópico
el duelo	urgente

Otras palabras	
el alcalde (la alcadesa)	*mayor*
el almacén	*store*
amar	*to love*
arreglar(se)	*to fix (oneself) up*
la boda	*wedding*
borracho(a)	*drunk*
la broma	*joke*
el caballo	*horse*

el cornudo	*cuckold*
crecer	*to grow*
el cumpleaños	*birthday*
despertarse (ie)	*to wake up*
enamorarse (de)	*to fall in love (with)*
el/la enano(a)	*dwarf*
el hecho	*event; fact*
jugar (ue)	*to play; to bet*
el negocio	*business*
raro(a)	*strange, rare*
saludar	*to greet; here, also, to bow (e.g., to an audience)*
la suerte	*luck*
el/la viudo(a)	*widower (widow)*

A. **Asociaciones.** De la siguiente lista, escoja una palabra que se asocia con…

> **Modelo:**
>
> Macy's o El Corte Inglés
>
> **almacén**

alcalde	circo	negocio
almacén	cornudo	pianista
boda	duelo	trópico
borracho	enano	viuda
caballo		

1. los hermanos Ringling
2. el Amazonas
3. Burr vs. Hamilton
4. Michael Bloomberg, de Nueva York, o Richard Daly, de Chicago

5. Black Beauty, Trigger o Rocinante

6. McDonald's o IBM

7. Ray Charles, Liberace o Alicia de Larrocha

8. Falstaff, de Shakespeare, o Richard Lewis en *Drunks*

9. el rey Arturo después de que Guinevere conoció a Lancelot

10. Pulgarcito o Tom Thumb

11. Coretta Scott King, Yoko Ono o Priscilla Presley

12. Jennifer López y Marc Anthony, en 2004

B. **Respuestas rápidas.** Conteste las siguientes preguntas personales. No es necesario contestar con una oración completa. (Se puede trabajar en parejas o grupos pequeños.)

1. ¿Cuándo es su cumpleaños?

2. ¿Dónde creció?

3. ¿A qué hora se despertó hoy?

4. ¿Cuándo se arregla bien?

5. ¿A quién saluda todos los días?

6. ¿Le gustan los conciertos de música rock?

7. ¿Le gusta jugar a las cartas?

8. En general, ¿tiene buena suerte cuando juega a las cartas?

9. ¿Ha recibido alguna vez una llamada urgente?

10. ¿Está enamorado(a) de alguien? Si es así, ¿dónde y cuándo se enamoró?

C. **Sinónimos.** Dé un sinónimo para las palabras subrayadas.

1. Mohamed XI (Boabdil) fue el último rey moro de Granada.

2. ¡Qué extraño! Ya son las ocho y no están aquí.

3. ¿Qué tal el viaje? —Fantástico.

4. Tienen muchos adornos en el patio.

5. Fue un chiste cruel.

6. El detective inspeccionó el cuerpo de la víctima.

7. La batalla de Waterloo fue un acontecimiento histórico.

8. Te quiero. (Hay que conjugar el verbo.)

Segmento 1

Preparación

Las apariencias

1. ¿Conoce usted a alguien para quien las apariencias son muy importantes? Es decir, ¿una persona que se preocupa mucho por lo que digan los demás (*others*)? ¿Quién? Describa a esa persona.

2. ¿Conoce usted a alguien para quien no es importante lo que opinen los demás? ¿Quién? Describa a esa persona.

3. Compare a las dos personas que escogió. Por ejemplo, ¿cuál es más orgullosa (*proud*)? ¿más humilde? ¿más segura de sí misma? ¿más feliz?

Exploración

1. ¿Qué celebración se ve en las primeras escenas de la película?

2. ¿Por qué dice la mamá de Romilda que ella y Leonor tienen mucho en común, que son "madres elegidas" (*chosen*)? ¿Cómo reacciona Leonor?

3. ¿Por qué destruye Leonor los libros *Blancanieves y los siete enanitos*, *Pulgarcito* y *Los viajes de Gulliver*?

4. ¿Qué otras cosas destruye Leonor?

5. ¿Por qué le habla el cura, el padre Aurelio, a Leonor? ¿Qué le dice Leonor a él?

6. ¿Cómo se llama el almacén de Leonor? ¿Qué clase de cosas se venden allí?

7. ¿Qué quiere decir el narrador cuando dice que doña Leonor "pretendía suplir (*tried to supplement*) la brevedad de su hija con el prestigio de las artes y las letras"? ¿Qué estudia Carlota?

Nota cultural

En Argentina durante la época de la película, mucha gente con recursos tenía tutores en casa para sus hijas (aunque tal vez mandara a sus hijos varones [*male*] a la escuela). María Luisa Bemberg, por ejemplo, se educó en casa y no tenía ningún título (*degree*) formal, ni siquiera de la escuela secundaria. La película *Miss Mary* de Bemberg trata este tema.

Segmento 2

En la primera escena de este segmento, Leonor sale de su casa y busca a Ludovico.

Preparación

Cumpleaños. Carlota va a cumplir quince años. En Latinoamérica se celebran los quince años de una niña con una gran fiesta, algo así como el "sweet sixteen party" de cierta gente en Estados Unidos. Si la familia tiene dinero, puede haber baile, vestidos y trajes elegantes, regalos especiales, etc. ¿Qué quiere hacer usted para su próximo cumpleaños? ¿Hay algún regalo especial que le gustaría recibir?

Exploración

1. ¿Qué regalo quiere Leonor comprarle a Carlota para su cumpleaños de quince?
2. ¿A quién le pide ayuda para conseguirlo?
3. Cuando las mujeres se reúnen con el cura (el padre Aurelio) para hablar del proyecto de juntar dinero para los huérfanos (*orphans*), ¿qué sugiere Leonor? ¿Cómo reacciona la madre de Romilda?
4. ¿Qué deciden hacer las mujeres, al final?
5. ¿Por qué se enoja (*get angry*) Leonor con Ludovico?

Nota cultural

Cuando don Ludovico quiere insultar al doctor Blanes, lo llama **cornudo**. Esta palabra quiere decir "con cuernos", *horns*, como ciertos animales. Es una manera de decir que la esposa del doctor tiene amante. El doctor Blanes le dice a Ludovico que es un **borracho de porquería** ("*swinish drunk*"), otra manera de insultar muy gravemente a una persona.

6. ¿Por qué lleva Leonor a Ludovico al galpón (*large shed*) para que vea a Carlota y el caballo? ¿Qué le pasa a Ludovico allí?

7. ¿Adónde va Ludovico después de ver a Carlota?

8. ¿Por qué no quiere Leonor que Carlota se levante para saludar al público?

Segmento 3

Este segmento comienza con el duelo entre el doctor Blanes y Ludovico.

Preparación

Problemas, problemas, problemas. En esta película, casi todos los personajes tienen problemas (grandes o pequeños). Describa por lo menos un problema que ha tenido cada uno de los siguientes personajes.

1. Carlota
2. Leonor
3. Ludovico
4. Romilda
5. el padre Aurelio

Exploración

1. ¿Por qué insulta Ludovico al doctor? ¿Qué pasa después?

2. ¿Quién le salva la vida a Ludovico?

3. ¿Por qué Ludovico le pide perdón al doctor?

4. ¿Quiénes visitan a Ludovico en el hospital?

5. ¿Por qué se va Ludovico del pueblo? ¿Qué hace cuando regresa? ¿Con quién habla?

6. ¿Cómo reacciona Leonor cuando Ludovico le pide la mano de Carlota?

7. ¿Sabe Ludovico cómo se siente Leonor? ¿Es típica de ella esa reacción?

8. ¿Acepta Carlota casarse con Ludovico? ¿Cómo reacciona Leonor cuando Carlota le informa de su decisión?

Nota cultural

Cuando Ludovico va a visitar a Myrna, se ve que los hombres o "clientes" están escuchando música de Carlos Gardel, el famoso cantante de tangos argentinos. El tango tuvo su origen en los puertos de Buenos Aires y Montevideo a fines del siglo XIX. La música es melancólica, en general, y el baile es muy romántico. En la letra de los tangos se oye la influencia del lunfardo, una jerga (*slang*) de Buenos Aires; por ejemplo, **una mina** es una mujer y **un compadrito** es un hombre machista pero sentimental. El tango era muy popular en Europa a principios (*beginning*) del siglo XX, especialmente en Francia. Fue prohibido en muchos lugares (incluso Estados Unidos) al principio del siglo XX porque se consideraba demasiado sensual.

Segmento 4

En la primera escena de este segmento, Leonor va a la casa del alcalde.

Preparación

Los personajes. Lea las descripciones y los nombres de los personajes. Trate de emparejar cada personaje con su descripción. Después de ver este segmento, vuelva a hacer el ejercicio.

_____ 1. una enana

_____ 2. la madre de Carlota

_____ 3. un muchacho que trabaja para Leonor

_____ 4. una prostituta del pueblo

_____ 5. una muchacha que no puede hablar

_____ 6. una mujer alemana, "amiga" del cura

_____ 7. el alcalde del pueblo que se comunica con otros por medio de su sobrino

_____ 8. un hombre misterioso que aparece en el pueblo

_____ 9. el cura

_____ 10. el médico del pueblo

_____ 11. la esposa del médico

a. don Saturnino

b. Romilda

c. Myrna

d. Mojamé

e. Leonor

f. Ludovico D'Andrea

g. el doctor Blanes

h. la señora Blanes

i. el padre Aurelio

j. Carlota

k. la viuda Schmidt

Exploración

1. ¿Por qué quiere Leonor que don Saturnino, el alcalde que está en una silla de ruedas (_wheelchair_), acompañe a Carlota al altar el día de la boda? ¿Qué le pasa a don Saturnino? ¿Qué hacen Leonor y Mojamé?

2. ¿Por qué lloran las prostitutas el día de la boda?

3. ¿Por qué dice Leonor al policía que el pueblo necesita un nuevo alcalde, alguien "que tenga un poco de mundo" (sofisticación)? ¿Qué quiere ella para su hija?

4. ¿Qué hace Leonor en el cementerio? ¿Amaba mucho a su esposo? ¿Qué ve ella desde allí?

5. ¿Por qué va Leonor a la oficina de Ludovico? ¿Qué quiere que Ludovico haga?

6. ¿Adónde va Carlota de noche? ¿A quiénes ve? ¿Qué decide hacer?

7. ¿Qué hace Leonor después de que Carlota se ha ido?

8. ¿Qué le pasa a Ludovico? ¿Qué rumores hay acerca de él?

9. ¿Quién es el narrador de la película?

Nota cultural

En América Latina hay mucha gente de ascendencia "árabe", como Mojamé. Muchos se han asimilado a la cultura hispana, mezclándose (*mixing*) con las poblaciones locales. Durante el Imperio Otomano muchos inmigrantes llegaron a América Latina con pasaportes o documentos de Turquía, así que los llamaron "turcos", pero en realidad eran de varias regiones del imperio; por ejemplo, lo que es hoy Siria, Líbano (*Lebanon*), Palestina, etc. Un número considerable de estos inmigrantes se dedicaron al comercio ambulante (*traveling sales*) y, más tarde, establecieron tiendas u otros negocios.

Análisis y contraste cultural

Vocabulario

La emoción	
agradecer (zc)	*to be grateful to; to thank*
alegrarse de	*to be happy about*
apasionado(a)	*passionate*
la concupiscencia	*lust*
confiar en	*to trust*
conmovido(a)	*moved emotionally*
de mal gusto	*in bad taste*
desagradable	*unpleasant*
la felicidad	*happiness*
felicitar	*to congratulate*
molestar	*to bother, annoy*
mortificar	*to mortify, embarrass*
la sorpresa	*surprise*

Otras palabras	
el acuerdo	*agreement*
arriesgarse a	*to risk*
buen(a) mozo(a)	*good-looking*
burlarse de	*to make fun of*
conveniente	*fitting, proper*
disponer (de)	*to have available*
elegir (i)	*to choose, elect*
escoger	*to choose*
faltar, hacer falta	*to be missing or lacking*

la función	*show*
ignorar	*to not know, be unaware*
merecerse (zc)	*to deserve*
sostener	*to maintain*

A. **Emociones y sentimientos.** Complete las oraciones con palabras apropiadas de la lista "La emoción". Habrá que usar los verbos **agradezco** y **se alegra**.

1. Leonor está muy nerviosa antes del concierto de piano que Carlota va a dar, pero Mojamé le dice que debe _____ en Carlota.

2. Durante el concierto el padre Aurelio dice que está muy _____.

3. La señora Blanes dice que muchas veces el amor se confunde con la _____.

4. Leonor llega a la casa de Ludovico y le dice que no lo quiere _____ pero que le quiere pedir un favor.

5. Carlota no sabe que su mamá le va a regalar un caballo para su cumpleaños; Leonor quiere que sea una _____.

6. Leonor le dice a Ludovico: "No sabe cuánto se lo _____."

7. Ludovico se siente mal cuando Leonor le quiere dar dinero; dice que lo va a _____.

8. Ludovico le jura a Leonor que Carlota tendrá no sólo un marido fiel sino _____.

9. Cuando Leonor dice, "Lo único que quiero es estar segura de que sos feliz", Carlota le responde: "—Sí, pero la _____ no lo es todo."

10. El doctor Blanes es el primero en _____ a Ludovico cuando anuncia que se va a casar.

11. El hijo del policía hace una broma _____.

12. Ese chico es una persona _____.

13. En la boda de Ludovico y Carlota, Romilda _____ mucho cuando saca el anillo de la torta.

B. **En resumen.** Complete las oraciones con los sinónimos de las palabras subrayadas. Escoja los sinónimos de la siguiente lista:

un acuerdo	conveniente	la función
arriesgarse	dispone de	ignora
buen mozo	escoger	se merece
burlando	falta	sostuvo

1. Leonor le dice al padre Aurelio que no <u>tiene</u> mucho tiempo libre.

2. El padre Aurelio dice que no sería <u>beneficioso</u> poner a Carlota en una "situación de prueba", que quizás no debe dar un concierto de piano delante de mucha gente.

3. Otras personas están de acuerdo con el cura de que no deben <u>correr un riesgo</u>.

4. Ludovico y el alcalde llegaron a <u>una decisión mutua</u> acerca de Myrna.

5. Leonor comenta que Ludovico es muy <u>guapo</u> y que es extraño que nunca se haya casado.

6. En el hospital, Leonor dice que Ludovico <u>debe recibir</u> un "reto" (*scolding [Argentina]*) por haber salido de cacería (*hunting*) no sintiéndose bien.

7. Cuando regresa de su viaje, Ludovico no le dice a Carlota dónde estuvo; ella tiene que <u>elegir</u> un lugar y él lo describe.

8. Leonor <u>no sabe</u> que Ludovico la quiere ver para pedirle la mano de Carlota.

9. Leonor dice que espera que Ludovico no se esté <u>riendo</u> de ellas.

10. En la boda alguien dice que <u>no hay bastante</u> cerveza.

11. Cuando el circo llegó al pueblo, Carlota no fue a ver <u>el show</u>.

12. Mucha gente <u>opinó</u> que si Ludovico no hubiera comprado el caballo, la historia no habría ocurrido; otros dijeron que era la fatalidad del destino.

Temas de conversación o composición

Discuta con sus compañeros los temas que siguen.*

1. el amor y el matrimonio (¿Por qué se enamora Ludovico de Carlota? ¿Por qué decide ella casarse con él? ¿Está contento él con el matrimonio? ¿Es un esposo fiel? ¿Viven bien?)

2. las relaciones fuera del matrimonio (¿Qué personajes tienen relaciones fuera del matrimonio? ¿Por qué discute Ludovico con el alcalde? ¿Por qué dice el cura que la concupiscencia es un pecado (*sin*) venial y que "La soberbia [*pride*] es mucho más grave"? En esta película, ¿tienen las mujeres los mismos derechos que los hombres o hay un "doble estándar"?)

3. la obediencia o falta de obediencia (En general, ¿es Carlota una hija obediente? ¿Es autoritaria su mamá con ella? ¿Qué cosas no le permite hacer? ¿En qué ocasiones desobedece Carlota a su mamá? ¿Por qué desobedece a su mamá? ¿Por qué le dice Ludovico "Sos libre de ir" [al circo]?)

4. el personaje de Leonor (¿Cómo es Leonor? ¿Tuvo un matrimonio feliz? ¿Cómo era su esposo? ¿Por qué dice que no quiere buscar otro? ¿Está desilusionada cuando Ludovico le pide la mano de su hija? ¿Cómo es su relación con la gente del pueblo, en general? ¿Por qué dice "No quiero circo en *mi* pueblo"? ¿Es una buena madre? ¿Por qué sí o por qué no?)

5. la negación de la realidad (Se dice que es malo no expresar las emociones, que hay que hablar de los problemas. ¿Qué pasa cuando uno nunca expresa sus preocupaciones o miedos? ¿Por qué no quiere Leonor que Carlota conozca a otras personas como ella? ¿Por qué destruye los ornamentos de la viuda Schmidt? ¿Por qué dice "De eso no se habla"?)

6. la autodestrucción (¿Qué personaje intenta [*tries to*] matarse? ¿Por qué lo hace? ¿Qué otras formas de autodestrucción se ven en la película? ¿Se ve en la película una falta de autorrealización—es decir, hay personajes que no se permiten vivir la vida plenamente (al máximo), realizar sus sueños

---

* Your instructor may ask you to report back to the class or write a paragraph about one of the topics.

o llegar a ser lo que realmente quieren ser? ¿Es la falta de
realización personal una forma de autodestrucción?)

7. la dedicación de la película: "Esta película se dedica a los que
    tengan el coraje de ser diferentes para poder ser ellos mismos."
    Se dice que muchos jóvenes de hoy tratan de ser "diferentes"
    o "únicos". ¿Qué clase de cosas hacen, llevan etc.? ¿Son de
    veras diferentes o imitan a otros de su grupo? En esta película,
    ¿qué personajes tienen el coraje, o valor, de ser diferentes y
    de realizarse a sí mismos? ¿Cuáles no lo tienen? ¿Quiénes son
    felices? ¿neuróticos o reprimidos [*repressed*]? ¿liberados?)

Una escena memorable

¿Qué pasa en esta escena? ¿Están contentos Ludovico y Carlota? ¿Qué
pasa inmediatamente después?

Hablan los personajes

Analice las siguientes citas, explique de quién son y póngalas
en contexto. (Para una lista de los personajes, ver la sección
"Preparación", Segmento 4. También está la madre de Romilda.)

1. "Somos madres elegidas, Leonor, madres puestas a prueba (*put
    to the test*). Tendríamos que estar más cerca la una de la otra,
    ayudarnos."

2. "Dios nos envía cosas en su infinita sabiduría que debemos aceptar con resignación y hasta con júbilo (*joy*). Un hijo… una hija… es siempre una bendición (*blessing*)…."

3. "Nunca se supo con certeza (*certainty*) cuándo fue que don Ludovico D'Andrea se instaló en San José de los Altares. Mucho se especuló sobre su origen. Según la época se lo consideró espía (*spy*), noble veneciano, refugiado político o millonario melancólico."

4. "Hay que tener mucho cuidado. A menudo se confunde concupiscencia con amor."

5. "Como dice el tango, doña Leonor, en mi vida tuve muchas, muchas minas, pero nunca una mujer." (NB: La palabra *mina* [chica], viene del lunfardo, un lenguaje asociado con los tangos.)

6. "Es la única persona que acepto totalmente."

7. "Lo único que le pido es que no altere la paz de este pueblo. Quítese de la cabeza a la hija de doña Leonor."

8. "Una mujer nunca se equivoca (*is never wrong*) en estas cosas."

9. "El amor es así. No avisa. Irrumpe (*It bursts in*)."

10. "Mañana es otro día.* Se le hace un gran entierro (*funeral*) y todos en paz."

11. "Como es sabido, la felicidad es un estado innegable, pero sólo se deja narrar cuando se ha desvanecido (*vanished*)."

12. "Confíe en el corazón de una madre."

*¿En qué película estadounidense está esta oración, en inglés?

Hablando de la cultura…

En la boda de Carlota y Ludovico, las muchachas que no están casadas tiran cintas (*ribbons*) que salen del pastel (*cake*) y una de ellas saca un anillo. ¿Quién saca el anillo del pastel? ¿Por qué está tan contenta? ¿Cuál es la costumbre equivalente aquí? Describa la boda de Carlota y Ludovico. ¿En qué se parece a una boda de Estados Unidos o Canadá? ¿En qué es distinta?

Hablan los críticos y los directores

"Cinematographer Felix Monti chooses his shots effectively, suggesting a sense of magic-realism (the scenes outside on the benighted streets of San José de los Altares, photographed through a blue lens, are stunning). *I Don't Want to Talk about It* has a lot of heart, and that's why its themes come across so clearly. As director Bemberg has admitted, this is not a story to be viewed from a logical perspective. Its mystical quality makes it a fairytale for adults, complete with a moral that each individual can interpret as it applies to him- or herself."

—"*I Don't Want To Talk About It*, A Film Review by James Berardinelli," James Berardinelli, 1994.

Bemberg misma comparó la película a un cuento de hadas. ¿Por qué se podría hacer esta comparación? (Ideas: el espejo, Mojamé, una muchacha joven y bonita, un hombre misterioso, el vals sin fin de Ludovico y Carlota…)

Más allá de la película: "Bemberg sobre Bemberg"

Preparación

Skills: Recognizing collocations, understanding antonyms, understanding cognates, describing yourself with cognates

A. **Colocaciones**. Las palabras que siguen son cognados, muy semejantes en inglés y español. Para cada palabra a la izquierda, escoja una palabra lógica para seguirla, una colocación.

> *Modelo:*
>
> instrucción
>
> **e. privada: instrucción privada**

_____	1. instrucción	a. estándar
_____	2. doble	b. limitaciones
_____	3. régimen (*m*)	c. ideológicas
_____	4. conveniencias	d. limitada
_____	5. severas	e. privada
_____	6. razones	f. militar
_____	7. escala	g. modernas

B. **Antónimos.** Empareje las palabras con sus antónimos.

> *Modelo:*
>
> divorciado
>
> **h. casado**

_____	1. divorciado	a. probable
_____	2. rico	b. real, verdadero
_____	3. privado	c. pequeño
_____	4. apropiado	d. viejo, antiguo
_____	5. imaginario	e. pobre
_____	6. moderno	f. inapropiado
_____	7. inmenso	g. público
_____	8. improbable	h. casado

C. **¿Cómo me describo?** Los siguientes adjetivos de la lectura son cognados. ¿Qué quieren decir? ¿Cuáles le describen a usted?

1. privilegiado(a)	7. feminista
2. autónomo(a)	8. original
3. independiente	9. diferente
4. valiente	10. subversivo(a)
5. rico(a)	11. artístico(a)
6. famoso(a)	12. inquisitivo(a)

Entrevista con María Luisa Bemberg: "Bemberg sobre Bemberg"

Caleb Bach entrevistó a María Luisa Bemberg para la revista Américas *en 1994.*

se... *dares*

She comes

governess

that

novata... *self-taught beginner*

thoughtful

spirited

Al... *After all*

protected, sheltered / ranches / curse

Es un guión improbable que pocos directores creerían: una mujer argentina se atreve a° entrar en el mundo cinematográfico dominado por los hombres. Proviene° de la clase alta privilegiada de Buenos Aires, no tiene un diploma de la escuela secundaria ni una educación universitaria, sólo la instrucción privada de una institutriz°... Es divorciada con cuatro hijos, pero de alguna manera ha escrito varios guiones cinematográficos y ha dirigido dos breves documentales. Aparte de ello°, esta novata autodidacta° no tiene experiencia en cinematografía. Lo más increíble es que comienza a los cincuenta y seis años de edad, ya siendo abuela. Pero después de doce años, dirige seis películas de largometraje que en sus propias palabras "presentan imágenes de mujeres que son verticales, autónomas, independientes, consideradas°, valientes y animosas°." ...Es la historia de María Luisa Bemberg y de su esfuerzo por representar a las mujeres, sobre todo las que tuvieron el coraje de ser independientes.

¿Qué fue lo que le dio el impulso, el coraje para hacer películas? Al fin y al cabo°, se crió como miembro de una de las familias más ricas de la Argentina, beneficiaria de frecuentes viajes a Europa, una vida protegida° en enormes estancias°. Pero con la "maldición° de la riqueza y la maldición de una mente inquisitiva" (frase utilizada por Waldo Frank para referirse a la famosa tía de Bemberg, Victoria Ocampo) vinieron severas limitaciones de lo que era apropiado para las mujeres de la alta sociedad:

sofocantes° convenciones, vacías° vidas de apariencias *suffocating / empty*
y no de sustancia, la creatividad y el intelecto
permitidos solamente dentro de las más estrechas° *narrow*
limitaciones. "Yo entré al mundo cinematográfico
por razones ideológicas", explica Bemberg. "Desde mi
niñez experimenté° una sensación de frustración y un *I experienced*
doble estándar entre mis hermanos y yo. Ésta fue una
rebelión que he tenido desde chica, y que se manifestó
especialmente después de leer *El segundo sexo* de
Simone de Beauvoir, que fue como una explosión en la
mente de la mayoría de las mujeres de mi edad. Nunca
podré expresar adecuadamente mi agradecimiento° a *gratitude*
ese libro." ...

Hasta ese punto el camino había sido bastante
difícil, no sólo su casamiento a los veinte años de
edad que terminó en un divorcio diez años después,
sino también sus esfuerzos° para formar grupos *efforts*
feministas, que fueron efectivamente acallados° por *silenced*
el régimen militar que reemplazó a Perón [el general
Juan Domingo Perón] a mediados de los años
cincuenta ['50]. Después de que sus hijos crecieron,
comenzó a escribir guiones cinematográficos,
y luego, en escala limitada, a producir y dirigir
películas...

De eso tiene lugar en los años treinta en un pueblo
imaginario llamado San Pedro de los Altares. "En
su mente, Llinás [Julio Llinás, el autor del cuento
original] se imaginó el pueblo cerca de Córdoba",
señala° Bemberg, "pero cuando leí el cuento de veinte *points out*
páginas, sentí la necesidad de grandes y anchos° *wide*
horizontes, la pampa, porque tiene una dimensión
metafísica." Los cables de electricidad, las antenas
de televisión y las otras conveniencias modernas de
la Argentina rural destruían esa ilusión, y entonces
Bemberg fue al histórico pueblo de Colonia, situado
sobre la costa uruguaya cerca de Buenos Aires.

muddy
play
plain, open space

"Decidimos que el río—las aguas barrosas°— podrían desempeñar° el mismo papel que la inmensa llanura°. Ahí es donde descubrimos el dramático fin, que no está en el cuento original de Llinás. Me gustó mucho trabajar en Colonia. Es muy argentina, pero al mismo tiempo podría ser Checoslovaquia o Omaha, Nebraska."

La original e inquietante película de Bemberg ha logrado la aclamación de la crítica y el público, y varios críticos (por ejemplo Nestor Tirri de *Clarín*) han sostenido que es su mejor película.

drained, empty

Bemberg admite sentirse vacía° cuando termina una película. "Es como una droga, muy excitante. Es tan fuerte que cuando se termina uno se pregunta '¿Cómo vivo ahora?' Pero, la verdad es que no tengo mucho tiempo. Estoy luchando contra reloj. Cuando se hace una película de época se pierde mucho más tiempo...

"Me gustaría hacer una película sobre los problemas de la juventud. Les estamos dejando un mundo terrible. Las mujeres no tienen la culpa pero son cómplices. Los monstruos son los hombres

made crazy

enloquecidos° por el poder, el sexo, el dinero, el status y la publicidad. No se hace un planeta con violencia, guerrillas, mafia y prostitución. Es horrible, una

nightmare
naive, ingenuous

pesadilla°, miseria, países plenos de caviar y otros muriéndose de hambre. No quiero parecer ingenua°, pero ahí es donde pienso que necesitamos mujeres sentadas alrededor de la mesa hablando sobre el

disarmament

desarme°. Nosotras tenemos un programa diferente. Quizá es porque sabemos cuán difícil es criar a un niño."

Entre todas las protagonistas que Bemberg ha llevado a la pantalla, se esperaría que [ella] se identificara más con Sor Juana [en *Yo, la peor de todas*] o Camila, o posiblemente con una de las hijas criadas por Miss Mary [de sus películas *Camila* y *Miss Mary*]. Sin embargo° confiesa: "No, no, yo soy Charlotte. Charlotte es una metáfora para cualquiera que es diferente, una enana, una persona de color, un joven homosexual, hasta una mujer grande, gorda y fea que, como cualquier otro, tiene derecho a un lugar bajo el sol. Yo era diferente a mis hermanos y hermanas. Yo era subversiva, una soñadora° y probablemente directora desde que era niña. Lo que me sorprendió es que nunca sospeché° que tendría una disposición artística. Pero…con cada película, cada película es un ejercicio formidable de autoconocimiento°. Esto es lo que he descubierto…y después de hacer Sor Juana, después de haber contado la dramática historia de esta extraordinaria mujer—no creo que en todo el mundo haya existido una mujer con la competencia y con la riqueza mental de Sor Juana—le dije a mi propio sexo, a mis queridas hermanas, aquí tienen cinco películas, cada una con mujeres inquisitivas. Aquí tienen ejemplos para moldear sus propias identidades."

Sin… However

dreamer

suspected

self-knowledge

Exploración

Skills: Understanding details, describing yourself, finding things in common

A. Preguntas

1. ¿De qué clase social era Bemberg? ¿Por qué dice Bach que era "autodidacta"?

2. ¿Cómo era la vida de Bemberg de niña?

3. ¿Qué libro tuvo una gran influencia sobre Bemberg?

4. ¿A qué edad comenzó su carrera? ¿De qué tratan muchas de sus películas?

5. ¿Qué pasó en Argentina en los años cincuenta?

6. ¿Dónde se imaginó Julio Llinás, el autor del cuento original, el pueblo de San José de los Altares? ¿Por qué no la filmaron allí?

7. ¿Cómo se siente Bemberg cuando termina una película?

8. Según Bemberg, ¿sería mejor el mundo si las mujeres participaran más en la política? ¿Por qué sí o por qué no?

9. ¿Con cuál de los personajes se identifica más Bemberg? ¿Por qué?

10. ¿Qué dice Bemberg de los cinco largometrajes que había hecho cuando la entrevistaron?

11. ¿En qué aspectos sería distinta la película si Charlotte hubiera sido una lesbiana, una persona de color en una sociedad blanca en los años treinta (o una persona blanca en una sociedad de gente de color), por ejemplo?

B. **Actividad.** Mire los adjetivos del ejercicio C, Preparación. Escoja cinco que lo (la) describen a usted y escríbalas en una tarjeta. Levántese y hable con sus compañeros. Trate de encontrar a alguien que tenga por lo menos tres de los adjetivos de su lista.

C. **Carlota y Leonor.** Escriba un párrafo sobre la relación entre Carlota y Leonor. ¿Cómo se siente Carlota, según su opinión? ¿Cómo se sentiría usted en la misma situación? ¿Conoce usted a alguien como Leonor? ¿Tiene amigos con padres que los sobreprotegen (*overprotect*)?

CAPÍTULO 4

Un lugar en el mundo

Presentación de la película

Ernesto es un chico de doce años que vive con sus padres en Valle Bermejo, un pobre y remoto pueblo argentino. Sus padres son profesionales de la capital que colaboran con una monja (*nun*) progresista para mejorar la vida de los habitantes del lugar y combatir los abusos del rico concejal (*town councilman*) Andrada. La llegada de un carismático geólogo español coincide con unos sucesos que cambiarán para siempre la vida de todos.

- *Un lugar en el mundo* ganó numerosos premios internacionales, entre ellos el Goya a la mejor película de habla hispana y la Concha de Oro en el Festival de San Sebastián.

- El director y guionista Adolfo Aristarain nació en 1943 en Buenos Aires. Comenzó su carrera cinematográfica como ayudante de dirección. Hizo más de treinta películas con diferentes directores en

Argentina, España, Italia y Estados Unidos antes de hacer su primer film como director en 1978. Sus películas más recientes son *Martín (Hache)* (1997), *Lugares comunes* (2002) y *Roma* (2004).

- El gran actor argentino Federico Luppi interpreta a Mario. Por su ideología progresista, el gobierno militar de Argentina prohibió su trabajo durante cinco años.

- La conocida actriz de Argentina Cecilia Roth hace el papel de Ana. En 1976 huyó (*she fled*) argentina y se estableció en España. Actualmente vive en Argentina. Ha actuado en cinco películas del famoso director español Pedro Almodóvar.

Vocabulario preliminar

Note: In Argentina many people use **vos** instead of **tú**, so expect to hear some commands and verbs in the present tense with the emphasis on a different syllable than you are used to hearing and perhaps some other modifications as well.

Cognados

el/la anarquista	el hábito
anticlerical	multinacional
el contrato	el/la nazi
la cooperativa	el petróleo
expropiar (la expropiación)	el primate
el/la geólogo	la utopía

La religión

el/la ateo(a)	*atheist*
la capilla	*chapel*
el cura	*priest*
la monja: meterse a monja	*nun: to become a nun*
la novicia	*novice (nun)*

Los ovejeros

el almacén	*store*
deber	*to owe*
la esquila	*shearing*
la estancia	*(Southern Cone*) ranch*
el galpón	*shed, storehouse*
la lana	*wool*
la oveja	*sheep*
el/la ovejero(a)	*shepherd*
el patrón (la patrona)	*boss*

* Argentina, Chile, Paraguay and Uruguay

Otras palabras

el alemán (la alemana)	*German*
alquilar	*to rent*
borracho(a)	*drunk*
echar	*to fire*
echar una mano	*to lend a hand*
engañar	*to deceive, cheat*
la izquierda	*political left*
el/la judío(a)	*Jew*
el milico	*(pejorative, Latin America) soldier, military man*
el/la militar	*soldier, military man (woman)*
el/la peronista	*Peronist (political supporter of Juan Perón)*
presionar	*to pressure*
la propina	*tip*
la represa	*dam*
la vacuna (la vacunación)	*vaccine (vaccination)*

A. **¿Cuál es?** Indique con un círculo la palabra que no pertenece al grupo y explique por qué.

1. a. monja   b. novicia   c. cura   d. ateo
2. a. hábito   b. galpón   c. almacén   d. capilla
3. a. anarquista   b. cooperativa   c. peronista   d. nazi
4. a. lana   b. oveja   c. esquila   d. primate
5. a. militar   b. geólogo   c. multinacional   d. ovejero
6. a. petróleo   b. judío   c. patrón   d. alemán

B. **¡Es lógico!** Indique con un círculo la respuesta lógica.

1. ¿El gobierno va a expropiar esas tierras?
   a. Sí, va a construir una represa allí.
   b. Sí, va a distribuir vacunas para los niños.
   c. Sí, va a eliminar la oposición de la izquierda.

2. ¿Por qué no aceptaste el contrato?
   a. Es que los milicos viven en la utopía.
   b. Es que soy muy anticlerical.
   c. Es que no quería trabajar para una compañía multinacional.

3. Siempre estás borracho. Esto no puede seguir así.
   a. Te has quedado en la utopía.
   b. No me presiones. Dejaré de beber mañana.
   c. No te debo dinero.

4. ¿Por qué echaron del trabajo a tu amigo?
   a. Porque vivía en una estancia grande.
   b. Porque descubrieron que engañaba a los clientes.
   c. Porque siempre le echaba una mano al patrón.

Segmento 1

Preparación

Los valores

1. ¿Trabaja usted como voluntario o voluntaria? ¿Qué tipo de trabajo hace? ¿Dónde y cuándo lo hace?

2. ¿Cómo define usted la amistad?

3. ¿Cuáles son las características de un buen padre o una buena madre?

Exploración

1. ¿A quién recoge Ernesto en la estación de trenes?

2. ¿Qué propina le da esta persona a Ernesto?

3. ¿Quién es Andrada?

4. ¿Qué le da Ernesto a Ana después de volver del pueblo?

5. ¿Qué tipo de reunión preside (*preside over*) Mario?

6. ¿Qué le da Ernesto a Luciana?

7. ¿Por qué decide Hans alquilar un caballo?

8. ¿Por qué no quiere Zamora que su hija asista a la escuela?

Notas culturales

Hans usa palabras y expresiones que no se usan en Argentina, y sus amigos argentinos usan palabras y expresiones que no se entienden en España. La pronunciación también es diferente.

Muchos de los españoles que inmigraron a Argentina son de Galicia, una región de fuerte influencia celta donde se toca la gaita (*bagpipe*). Por eso en Argentina las palabras "gallego" (persona de Galicia) y "gaita" son sinónimos de "español".

Entre 1991 y 2002, en Argentina se usó el dólar estadounidense además del peso argentino.

Ernesto llamó Dumas a su caballo por Alexandre Dumas (1812-1870), el autor de *Los tres mosqueteros*.

El llamado de la selva (*The Call of the Wild*) es una novela del escritor norteamericano Jack London (1876-1916).

Segmento 2

En la primera escena de este segmento, Hans enseña a Ernesto a clasificar sus piedras.

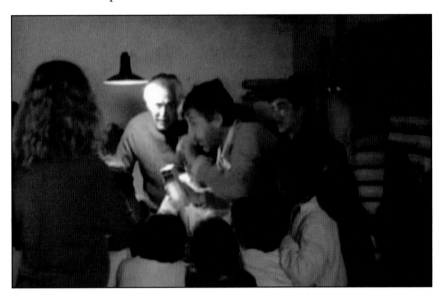

Preparación

Los personajes. Lea las descripciones y los nombres de los personajes. Trate de emparejar cada personaje con su descripción; si no sabe todas las respuestas, adivine (*guess*).

_____ 1. el hijo de Mario y Ana

_____ 2. un hombre rico que quiere engañar a los ovejeros

_____ 3. un geólogo español

_____ 4. el jefe de la cooperativa y maestro de la escuela, padre de Ernesto

_____ 5. una doctora, madre de Ernesto

_____ 6. la hija de Zamora

_____ 7. un empleado de Andrada, padre de Luciana

_____ 8. una monja progresista

a. Ana
b. Andrada
c. Ernesto
d. Hans
e. Luciana
f. Mario
g. Nelda
h. Zamora

Exploración

1. ¿Por qué se metió a monja Nelda? ¿Por qué no lleva hábito?
2. ¿Por qué tiene Hans nombre y apellido alemanes?
3. ¿Por qué tuvieron que salir de Argentina Mario y Ana?
4. ¿Para qué formaron la cooperativa Nelda, Mario y Ana?
5. ¿Quiénes trabajan en la clínica y en la escuela?
6. ¿Cómo prepara Ernesto a Dumas para la carrera (*race*) de las fiestas patronales?
7. ¿Qué hacen Luciana y Ernesto en la capilla?
8. ¿Qué táctica emplea Andrada para tratar de ganar la carrera?

Nota cultural

Mario, Ana y el hermano de Ana (que también se llamaba Ernesto) fueron víctimas de una represiva junta militar que gobernó a Argentina entre 1976 y 1983. Miles de los que se opusieron (*opposed*) a la dictadura fueron secuestrados (*kidnapped*), torturados y asesinados. La mayor parte de sus víctimas eran jóvenes de 21 a 35 años. Esta campaña de terror se conoce como "la guerra sucia".

Segmento 3

En la primera escena de este segmento empieza la carrera de caballos de las fiestas patronales de Valle Bermejo.

Preparación

¿Qué pasará? ¿Qué va a pasar en el segmento 3? Haga por lo menos dos predicciones. Vuelva a leer sus predicciones después de ver el segmento.

> *Modelo:*
> Ana dejará a su familia por Hans.

_____

_____

_____

_____

Exploración

1. Según Mario, ¿quiénes mataron las ovejas? ¿Por qué las mataron?
2. ¿Para qué viajan a San Luis la familia de Ernesto y Hans?
3. ¿Qué opina Hans de John Wayne y las películas del oeste?
4. ¿Qué siente Hans por Mario? ¿y por Ana?
5. ¿De qué hablan Ana y Ernesto durante el viaje de regreso a Valle Bermejo?
6. ¿Por qué quiere el anciano que Ana lo lleve al pueblo?
7. ¿Qué dice la carta que Nelda ha recibido?
8. ¿Por qué se enoja (*get angry*) Zamora con Ernesto?

Nota cultural

Dumas, el caballo de Ernesto, es el ganador de la carrera de las fiestas patronales. En Argentina, como en todos los países hispanos, cada población tiene su santo o santa patrono(a) y en muchos lugares el día de su fiesta es el día más importante del año. En las fiestas patronales se celebran misas (*masses*) especiales y procesiones religiosas. También hay carreras, juegos, bailes y rifas (*raffles*). Posiblemente las fiestas patronales más famosas del mundo sean las de San Fermín en Pamplona, España.

Segmento 4

En la primera escena de este segmento los ovejeros se reúnen en el galpón.

Preparación

Los secretos. ¿Qué secretos tienen estos personajes? ¿Qué hacen o dicen para que no se descubra el secreto?

> *Modelo:*
>
> Luciana aprende a leer y escribir. Se reúne con Ernesto en secreto y hace los ejercicios de noche, cuando su familia duerme.

1. Ernesto
2. Hans
3. Andrada

4. Mario
5. Ana
6. Nelda

Exploración

1. ¿Qué quieren hacer con la lana los miembros de la cooperativa?

2. ¿Qué hace Mario con la lana? ¿Por qué hace eso?

3. ¿Qué le pasa a la mujer que tiene dolores de parto (*birth pains*)?

4. ¿Cómo reacciona Luciana cuando Ernesto va a verla?

5. Según Mario, ¿se van a beneficiar los habitantes de Valle Bermejo con la construcción de la represa?

6. ¿Cómo reacciona Ana cuando Hans anuncia su regreso a Madrid?

7. ¿Qué le da Hans a Ernesto antes de salir para la estación?

8. ¿A quién le habla Ernesto al principio y al final de la película?

Nota cultural

Antes de salir para Madrid, Hans le da a Nelda un beso en cada mejilla (*cheek*). En España los hombres saludan a las mujeres así. Los hombres se dan la mano. (Si son parientes se dan un beso en las mejillas o un abrazo.) Las mujeres se dan un beso en cada mejilla entre ellas. En Argentina casi todo el mundo—muchos hombres entre ellos, las mujeres entre ellas y los hombres con las mujeres—saluda con un solo beso en la mejilla.

Análisis y contraste cultural

Vocabulario

El dinero	
apostar (la apuesta)	*to bet* (*bet*)
empardar	(*Río de la Plata**) *to match*
la guita	(*colloquial*) *money*
el mango	(*colloquial, Southern Cone*) *peso*
la plata	(*colloquial, South America*) *money*

*Argentina and Uruguay

La gente	
el/la chaval(a)	(*colloquial, Spain*) *kid, youngster*
el/la concejal(a)	*town councilman* (*councilwoman*)
el/la empleado(a)	*employee*
el/la gaita	(*colloquial, Río de la Plata*) *Spaniard*
el/la nene(a)	(*colloquial, Spain, Río de la Plata*) *kid*
el/la niño(a) bien	(*colloquial*) *rich kid*
el/la viejo(a)	(*colloquial, Latin America*) (*referring to parents*) *old man* (*old lady*)

Otras palabras	
arreglarse	*to get by*
la bronca	(*colloquial, Latin America*) *irritation, annoyance*
dar bronca	(*colloquial, Latin America*) *to bug or get to*
la edad	*age*
enganchar	(*literally, to hook*) *to catch, get*
fallar	*to fail*
el infarto	*heart attack*

el laburo	(*colloquial, Southern Cone*) *job*
la ley	*law*
la mufa	(*colloquial, Río de la Plata*) *bad mood*
nacer	*to be born*
la piedra	*rock*
el plano	*plan*
el proyecto	*project*
rajar	(*Río de la Plata*) *to kick out;* (*Bolivia, Southern Cone*) *to beat it, scram*
Vale.	(*colloquial, Spain*) *OK, all right, sure, fine.*

A. **Sinónimos.** Empareje las palabras subrayadas con sinónimos de la lista.

_____ 1. ¡Qué <u>mufa</u>, Nelda! ¿Por qué estás tan triste?

_____ 2. Los colegas de Mario lo <u>rajaron</u>.

_____ 3. Ana <u>enganchó</u> un <u>laburo</u> en Buenos Aires.

_____ 4. Vamos a ver una película de John Wayne, ¿<u>vale</u>?

_____ 5. Me <u>da bronca</u> no poder hablar contigo.

_____ 6. Adiós, <u>chaval</u>.

_____ 7. La gente pasa hambre porque no tiene un <u>mango</u>.

_____ 8. El <u>gaita</u> te dio esa propina porque no sabe lo que vale <u>la guita</u>.

_____ 9. Andrada <u>empardó</u> la apuesta de la cooperativa.

_____ 10. Hans era un niño <u>bien</u>.

a. nene
b. consiguió
c. de acuerdo
d. el dinero
e. echaron
f. español
g. igualó
h. molesta
i. mal humor
j. niña
k. peso
l. rico
m. trabajo

B. **Ernesto.** Complete las oraciones con palabras de la siguiente lista.

concejal   infarto   plano
edad   leyes   proyecto
empleado   nació   se arreglan
fallan   piedras   viejos
guita

1. Ernesto _____ en España.

2. Ana cree que Ernesto será como su padre. Dice que las
   _____ de la genética no _____.

3. A Ernesto le interesan las _____.

4. Nelda le dice a Ernesto que entre en la capilla para darles un
   susto (*scare*) a sus _____.

5. Andrada es _____ de Valle Bermejo.

6. Hans es _____ de Andrada, pero no es su amigo.

7. Ernesto va adonde trabaja Hans y ve un _____ para
   hacer una represa.

8. Andrada se enoja con Hans por hablar del _____.

9. Mario muere de un _____ y Ana y Ernesto se van a
   Buenos Aires.

10. No ganan mucha _____ allí, pero _____.

11. Ernesto está en una _____ en la que está obligado a
    tomar decisiones.

Temas de conversación o composición

Discuta con sus compañeros los temas que siguen.[*]

1. el título de la película (Mario ha encontrado su lugar en Valle
   Bermejo y ya no puede irse. ¿Es también el lugar de Ana? ¿de
   Ernesto? ¿de Nelda? ¿Cree usted que cada uno de nosotros tiene
   un lugar en el mundo? ¿Sabe usted cuál es su lugar?)

2. el idealismo y el realismo (¿Qué personajes son más idealistas?

[*] Your instructor may ask you to report back to the class or write a paragraph
about one of the topics.

¿Más realistas? ¿Quién se desanima (*gets discouraged*)?
¿Se contagia Hans del idealismo de sus amigos o no? ¿Qué
representa el niño que nace muerto? ¿Es total el fracaso (*failure*)
del sueño utópico de Mario, Ana y Nelda? ¿Conoce usted a
alguna persona muy idealista? ¿Qué opina usted de ella?)

3. las compañías multinacionales (¿Cuál es el impacto inicial de la
llegada de la Tulsaco a Valle Bermejo? ¿Qué va a pasar cuando se
termine la construcción del complejo hidroeléctrico? ¿Qué nos
quiere decir el director con respecto a las multinacionales? ¿Qué
opina usted de las multinacionales?)

4. la amistad (¿Cómo se desarrolla (*develop*) la amistad entre Hans
y Mario? ¿Qué características busca usted en un amigo o una
amiga?)

5. el amor (¿Cómo se desarrolla la relación amorosa entre Ernesto
y Luciana? ¿A usted le prohibieron alguna vez que viera a una
persona a la que quería? ¿Cómo se desarrolla la atracción mutua
entre Ana y Hans?)

6. el personaje de Hans (¿Qué concepto tiene de la humanidad y de
sí mismo? ¿Por qué dice que es un mercenario? ¿Qué cualidades
positivas tiene? ¿Le parece una contradicción que ayude a sus
amigos en su misión de solidaridad humana a la vez que trabaja
para Andrada? ¿Qué opina usted de Hans?)

7. el personaje de Mario (¿Por qué dice Hans que Mario es un
"frontera" (*frontiersman*)? ¿Se parece Mario a los héroes de
las películas norteamericanas del oeste? ¿Hizo bien o mal en
destruir la lana de la cooperativa? ¿Qué piensa usted de Mario?)

8. el personaje de Nelda (¿Cree usted que tener una familia hace
más difícil o imposible servir a los demás? ¿Cómo se explica que
sea tan amiga de los agnósticos Ana y Mario? ¿Qué le parece su
decisión de dejar Valle Bermejo? ¿Qué opina usted de ella? ¿Tuvo
usted que irse de un lugar que no quería dejar alguna vez?)

9. *coming-of-age* (¿Conoce alguna novela o película de este género?
¿Cómo se titula? ¿Qué temas típicos de las películas y novelas de
este género hay en la película? ¿Le habría gustado tener padres
como Mario y Ana? ¿tener un mentor como Hans? Explique.)

10. el *western* (¿Qué personajes, conflictos u otros elementos de las clásicas películas del oeste de Hollywood hay en *Un lugar en el mundo*? ¿Le recuerda a algún *western* en particular?

11. *literatura* ¿Ha leído usted *Los tres mosqueteros*? ¿Qué le pareció? ¿Ha visto usted una película basada en esta novela? ¿Le gustó? Explique. ¿Ha leído usted *El llamado de la selva*? ¿Qué le pareció? ¿Qué tiene que ver con los personajes y la acción de la película el siguiente pasaje de la novela que leen Ernesto y Luciana?)

> "Una y otra vez, al observar los brutales castigos (*punishments*), Buck entendió la lección. Un hombre armado de un garrote (*stick*) era el que dictaba las leyes. Un amo (*master*) que debía ser obedecido pero no necesariamente amado. De este sentimiento Buck nunca fue culpable (*guilty*). Pero vio a otros perros vencidos (*beaten*) a golpes (*blows*) que adoraban al hombre y meneaban (*wagged*) el rabo (*tail*) y le lamían (*licked*) la mano.")

Una escena memorable

¿Qué hacen en la capilla Ernesto y Luciana? ¿Qué les dice Nelda? ¿Qué pasa después?

Hablan los personajes

Analice las siguientes citas, explique de quién son y póngalas
en contexto. (Para una lista de los personajes, ver la sección
"Preparación", Segmento 2.

1. "No se puede ser tan imbécil; hay cosas de las que uno no puede
   olvidarse, no tiene que olvidarse, aunque duelan…"

2. "Tu madre es una princesa y no te lo había dicho. Pero yo he
   perdido mi palacio y este hombre me ha descubierto. Y no sé
   qué hacer con mi vida."

3. "En ningún lugar va a estar mejor que aquí. Lo que fue bueno
   para su madre va a ser bueno para ella."

4. "Vuestro idealismo es … de otra época. De otro mundo."

5. "Somos primates, y no podemos cambiar."

6. "Cuanto más se sabe (*The more you know*), más cerca se está de
   la magia (*magic*)."

7. "Con la gente no sirve, chavales. Sólo funciona con las piedras.
   Para la gente todavía no se ha inventado nada."

8. "Tu viejo … nació para esclavo (*slave*), pero vos no."

9. "Dios es para los humanos, y antes que hablar de Dios, tengo
   que conseguir que vivan (*get them to live*) como seres humanos."

10. "Y yo ya estoy un poco cansada de jugar a los héroes anónimos."

11. "Yo sé que te vas a ir. Vas a volver a la capital. Porque vos no sos
    de acá. Sos de la capital. Y los de la capital siempre se van."

12. "Usted se me quedó en la utopía, maestro."

13. "No estoy loco. Algún día lo vas a entender…"

14. "No puedo dejar todo esto. Cuando uno encuentra su lugar, ya
    no puede irse."

Hablando de la cultura…

El fuerte licor que toman Mario, Ana, Ernesto y Nelda se llama *grapa*. Es una bebida muy popular en Argentina que llegó con los inmigrantes italianos, como la familia de Mario Domenici. También Ana es de origen europeo. Es judía y su madre (la abuela de Ernesto) habla yídish. Alrededor del 85 por ciento de la población argentina es de origen europeo, la mayoría de España e Italia. Además hay un importante número de franceses, británicos, alemanes, rusos y polacos.

Hablan los críticos y los directores

Según la opinión de Gary Kamiya, "Hans … shifts the film from being a simple parable of good versus evil. With his disillusioned intelligence and essential integrity, he is as much a role model for Ernesto (and the viewer) as Mario."

—Gary Kamiya, *San Francisco Examiner*

¿Está usted de acuerdo? Sin Hans, ¿sería la película una simple parábola del bien contra el mal? ¿Como modelo de conducta, es tan bueno Hans como Mario?

Juan Luis Castaño escribe que Mario "toma el partido de anteponer (*put first*) sus ideales a cualquier otra cosa, incluida su familia o los propios campesinos por los que parece luchar. La escena en la que quema las pieles es totalmente clarificadora al respecto (*illuminating in this regard*)."

—*La apuesta personal,* http://orbita. starmedia.com/~revistasunrise/jun2001/ apuesta.htm

¿Antepone Mario sus ideales a su familia y a los ovejeros? ¿Le parece a usted equivocada, o no, la destrucción de la lana de la cooperativa? ¿Se puede comprender aunque sea equivocada?

Más allá de la película:
En San Luis

Preparación

A. **Familias de palabras.** Para cada infinitivo, dé el participio pasado. Después, busque los participios en la lectura que sigue. Subráyelos. ¿Qué quieren decir?

> *Modelo:*
>
> remendar *to mend*   remendado

Infinitivo	Participio pasado
1. animar *to liven up*	_____
2. dormir *to sleep*	_____
3. enganchar *to hook*	_____
4. armar *to arm*	_____
5. vencer *to defeat*	_____
6. golpear *to beat*	_____
7. enamorar *to make … fall in love*	_____
8. resignarse *to resign oneself*	_____

B. **Palabras semejantes.** ¿Qué quieren decir en inglés estos cognados?

1. figuras
2. rosa
3. atención
4. posición
5. turno
6. aventuras
7. título
8. discusión
9. reaccionario
10. dignidad

Exploración

En San Luis

Estas secuencias del guión de rodaje de *Un lugar en el mundo* corresponden al viaje a San Luis que hacen Mario, Ana, Ernesto y Hans. Se observan importantes diferencias entre esta parte del guión y la versión final de la película.

Nota: EXT significa "exterior" e INT significa "interior".

66. EXT. CALLES CIUDAD -DIA -FRENTE AL HOSPITAL

Ana sale del hospital llevando las cajas de las vacunas.

Los cuatro caminan por las calles del centro, mirando vidrieras°, pasándolo bien°.

67. INT. LIBRERIA -DIA

Mario y Ana revisan los anaqueles°, revuelven° las mesas de saldos°, leen con avidez° lo que pueden, sin comprar nada. Hans paga en la caja° por un libro que le regala a Ernesto: *Volcanes y terremotos*°.

68. INT. CINE -DIA

En la pantalla grisácea° y remendada se mueven las figuras de Mia Farrow y su amante tonto en "La rosa púrpura de El Cairo". Ana lagrimea°, Mario mira con toda su atención, Ernesto se aburre y Hans no encuentra posición cómoda. Le atrae más el perfil° de Ana que lo que sucede en la pantalla.

69. INT. BOLERA° -NOCHE

Los cuatro están frente a la cancha° de madera lustrosa°, jugando una partida de bolos. Es el turno

---

shop windows / pasándolo... having a good time

revisan... look through the shelves / rummage through / sale / eagerness / cash register / earthquakes

grayish

sobs quietly

profile

bowling alley

lane

shiny

de Ana. Ernesto espera, mientras que Hans y Mario comentan la película.

ERNESTO.-Yo si sabía no entraba. Creí que era de aventuras, por el título.

ANA.-A mí me encantó. Lloré y todo.

on purpose

HANS.-Es de lo peor. Ni aposta° se puede hacer algo tan malo.

MARIO.-Yo tenía tantas ganas de ver cine que la pasé bien. No es una maravilla, pero no está tan mal. Me gusta Woody Allen.

HANS.-¿Quién más te gusta?

Qué… I don't know

MARIO.-Los de ahora no los conozco mucho… Qué sé yo°, me gusta Bergman… Fellini…

HANS.-Y el cine ruso.

MARIO.-Sí, Eisenstein, y el otro… Bondarchuk…

son… are enough to make you want to / for heaven's sake

HANS.-Esos son como para° tomarse un valium.

ANA.-Qué poco respeto, che°. Son genios del cine y Woody Allen también.

knocks over / pins

festeja… celebrates the strike

Ernesto tira sus tres bolas y voltea° todos los bolos°. Ana festeja el tanto° de su compañero mientras la discusión continúa animada por el whisky.

lectures / speeches / treatises

backside

anguish / Oedipus / gave birth

HANS.-No habléis de cine. A vosotros no os gusta el cine, os gustan las conferencias°, los discursos°, los tratados° de filosofía… El cine es otra cosa, no es mostrar cuatro señores con cara de culo° hablando de si Dios es bueno o si Dios es malo o de si la angustia° y el Edipo° y la madre que los parió°… A ver, ¿quién es el mejor actor del mundo? Venga, rápido, ¿quién es?

MARIO.-Vittorio Gassman…

ANA.-Laurence Olivier… ¡No! Paul Newman, que es paisano°.

fellow countryman (Newman's father was German-Jewish)

HANS.-Nada. El Wayne, John Wayne.

ANA-¡Ése es un reaccionario!

HANS.-Es el número uno. Wayne es el número uno y Mitchum el número dos.

ANA-Con esa cara de dormido… No te quedes conmigo°, Mayer Plaza… Dale°, que te toca a vos°. Dale, que tengo hambre.

te quedes… make fun of me / Come on / te… it's your turn

Hans recoge su bola y se prepara para tirar, pero sigue enganchado° en la discusión, ahora solo con Ana.

involved

HANS.-Estoy hablando en serio. Siempre hablo en serio: el Wayne fue el más grande. ¿Tú has visto a alguien capaz de° estar en un corral con veinte tíos° armados que se salen de° las botas por matarle, y recular°, salir con el caballo marcha atrás°, y a pesar de° eso hacerte sentir que el más peligroso es él?… Nadie puede intentar eso y salir airoso°, pero el Wayne, sí. Eso y más: podía estar borracho, vencido, golpeado, enamorado…, pero nunca perdió su dignidad.

capaz… capable of / guys / se… are jumping out of / back up / marcha… in reverse / a… despite / salir… be successful

ANA.-Sos muy loco, gaita… No puedo creer que te gusten las de cowboys…

ERNESTO.-A mí también me gustan.

HANS.-¿Te gustan las de vaqueros?

ERNESTO.-Y las policiales°, y las de Indiana Jones…

detective

HANS.-¡Muy bien, chaval! No le hagas caso° a tus padres, vas por el buen camino… El cine tiene que ser más grande que la vida, tiene que ser mejor que

le… pay attention

la vida, si no, no es nada, no sirve para nada…

pins / se… goes off course / gutter

Hans tira su bola con fuerza. Antes de llegar a los palos° se desvía° y sale por la canaleta°. Hans recoge otra bola, resignado.

HANS.-En una buena película, esto no me pasaría jamás…

1. ¿Qué hace Ana en el hospital?
2. ¿Qué libro compra Hans en la librería? ¿A quién se lo da?
3. ¿Qué película ven estos personajes en el cine? ¿Qué les parece?
4. ¿Qué hacen los cuatro mientras hablan de cine?
5. ¿Qué tipo de películas le gustan a Hans? ¿a Mario y a Ana? ¿a Ernesto?
6. Según Hans, ¿quién es el mejor actor del mundo? ¿Cómo tiene que ser el cine?

CAPÍTULO 5

Machuca

Presentación de la película

Gonzalo Infante y Pedro Machuca son alumnos del Colegio Saint Patrick en Santiago, Chile, durante los últimos días del gobierno democrático de Salvador Allende, presidente de Chile de 1970 a 1973. Aunque están en el mismo colegio, viven en dos mundos muy distintos.

- Andrés Wood, director de *Machuca* (2004), dice que es una película autobiográfica; asistía al Colegio Saint George durante el gobierno de Salvador Allende y tenía ocho años cuando ocurrió un golpe militar el 11 de septiembre de 1973. Wood también dirigió *Historia de fútbol* (1997) y *La fiebre del loco* (2002).

- Los niños que actuaron en la película no eran actores profesionales. Debido a severas limitaciones financieras, Wood sólo podía filmar los domingos. El actor argentino Federico Luppi hizo el papel de Roberto Ochagavía.

- En 2004 *Machuca* ganó el premio a la película más popular en el Festival Internacional de Cine de Vancouver, el "Golden Precolumbian Circle" en el festival de Bogotá, el premio a la mejor película del festival internacional de Valdivia y el Gran Paoa en el festival de Viña del Mar.

Vocabulario preliminar

Note: In Chile, there is a tendency to drop a final -s, so that **Gracias** may sound like **Gracia** or **las casas** may sound like **la casa.** The word **pues** may sound more like **po: Sí, po.**

Cognados

la bicicleta	el rector
capitalista	socialista
democrático(a)	la violencia
el presidente (la presidenta)	

En el Colegio Saint Patrick

el/la alumno(a)	*student, pupil*
el/la cobarde	*coward*
el colegio	*school (usually private)*
el cura	*priest*
decepcionar	*to disappoint*
pagar los estudios	*to pay for (one's) studies*
pegar	*to hit, beat*
pelear	*to fight, quarrel*
la piscina	*swimming pool*
respetarse	*to respect each other*
tener miedo	*to be afraid*
tomar asiento	*to be seated*

La política

la bandera (la banderita)	*flag (small flag)*
el gobierno	*government*
el golpe militar	*military coup*
la guerra	*war*
hacer cola	*to stand in line*
el mercado negro	*black market*
el partido	*party (political)*
el pueblo	*people; town*

Otras palabras

el baño	*bathroom*
el camión	*truck*
el cigarrillo	*cigarette*
cuidar	*to take care of, care for*
el cumpleaños	*birthday*
limpiar	*to clean*
regalar	*to give as a gift*
el regalo	*present, gift*
la ropa	*clothing*

A. **En el colegio.** Complete las oraciones con palabras de la lista "En el Colegio Saint Patrick".

1. En el Colegio Saint Patrick hay muchos _____ con padres ricos. (Use la forma plural.)

2. Los padres de estos chicos les _____ los estudios.

3. En el colegio hay una _____ donde los chicos aprenden a nadar (*swim*).

4. El rector es un _____ católico.

5. Los estudiantes se levantan cuando el rector entra, le dicen "Buenos días" y después toman _____.

6. A veces los chicos pelean y se _____ unos a otros. (Hay que conjugar el verbo.)

7. Las peleas _____ al rector. (Hay que conjugar el verbo.)

8. Algunos chicos tienen _____ de Gastón, un chico muy agresivo.

9. Gastón dice que Gonzalo es _____ porque no quiere pelear.

10. El rector quiere que los estudiantes aprendan a _____.

B. **Un poco de historia.** Escoja las palabras apropiadas para completar el párrafo.

Chile tenía una larga tradición (1) _____ (democrática/ inevitable) cuando en 1970 Salvador Allende fue elegido (*elected*) (2) _____ (presidente/general) del país. Allende, miembro del (3) _____ (partido/pueblo) político Unidad Popular, fue el carismático líder de la izquierda durante muchos años. Quería extender la reforma agraria y nacionalizar las minas de cobre (*copper*). Richard Nixon era presidente de Estados Unidos y no quería que hubiera ningún (4) _____ (gobierno socialista/presidente capitalista) en Latinoamérica. Por varias razones, había problemas económicos y la gente tenía que hacer (5) _____ (guerra/cola) y esperar mucho tiempo para comprar productos básicos. Sin embargo (*However*), las personas con dinero podían comprar cigarrillos, jamón (*ham*), leche condensada, etc. en el (6)_____ (mercado/regalo) negro. En 1973 hubo un (7) _____ (golpe/camión) militar, con la participación de la CIA. Las fuerzas armadas de Chile bombardearon "La Moneda", el palacio de gobierno. Durante la

(8) _____ (violencia/bandera) que siguió, murieron o "desaparecieron" miles de chilenos.

C. **Preguntas personales**

1. ¿Tiene usted hermanos? Si es así, ¿cómo se llaman? ¿Qué edad tienen? ¿Se pelean ustedes a veces?

2. ¿Tiene que cuidar a un(a) hermano(a) menor cuando sus padres salen de la casa?

3. ¿Comparte usted (*Do you share*) una habitación con uno(a) de sus hermanos? ¿Quién limpia su habitación? ¿Comparten un baño? ¿Quién lo limpia?

4. Para su próximo cumpleaños, ¿qué regalo quiere recibir? ¿Ropa? ¿una bicicleta? ¿discos compactos o libros? ¿Prefiere que le regalen dinero?

Segmento 1

Preparación

Memorias. ¿A qué escuela asistió usted antes de empezar los estudios secundarios? ¿Cómo se llamaba? ¿Dónde estaba? ¿Tenía un maestro o una maestra favorito(a)? Describa a su mejor amigo(a) allí: ¿Cómo era?

Exploración

1. ¿En qué año tiene lugar la historia?

2. ¿A qué colegio asiste Gonzalo? ¿Cómo es este colegio?

3. El padre McEnroe llega con unos "nuevos compañeros". ¿Cómo son? ¿Tienen uniforme? ¿Viven lejos del colegio?

4. Después de las clases, ¿adónde va Gonzalo con su madre, María Luisa?

5. ¿Qué libro tiene Gonzalo? ¿Quién se lo dio?

6. En la televisión se ve a un chileno que está de visita en la Unión Soviética. ¿Quién es?

7. ¿Está contento el padre de Gonzalo con Pablo, el novio de su hija?

8. Gastón dice que Gonzalo es cobarde. ¿Por qué?

9. ¿Qué venden Pedro, Silvana y el padre de Silvana en las manifestaciones (*demonstrations*) pro-Allende y anticomunista?

10. ¿Cómo es Roberto, el amigo de María Luisa? ¿A qué colegio asistió?

11. ¿A quién le ayuda Gonzalo con el examen?

Notas culturales

Cuando Salvador Allende ganó las elecciones en 1970, mucha gente salió a la calle a expresar su alegría. Hubo grandes manifestaciones con banderas, canciones, abrazos, euforia. En la película se oyen algunos lemas (*slogans*) de los izquierdistas:

> Momios junten miedo. (*Right-wingers beware.*)
> El que no salte (*jump*) es momio.
> Allende, Allende, el pueblo se defiende.
> Venceremos con Allende.

Al día siguiente había largas colas ante los bancos: mucha gente rica retiraba su dinero. La inflación llegó a 360 por ciento por año. Más tarde en la película usted va a oír algunos lemas de los derechistas:

> El que no salte es de la UP (Unidad Popular, el partido de Allende).
> Allende, Allende, la patria no se vende.
> Comunistas desgraciados, cafiches del estado. (*Miserable communists, bumming off the government.*)

Segmento 2

En la primera escena de este segmento, Pedro y Gonzalo van en bicicleta a la casa de Pedro.

Preparación

Una fiesta sin adultos. ¿Ha ido usted alguna vez a una fiesta de algún amigo o de alguna amiga cuando sus padres no estaban en casa? ¿Qué pasó? ¿Se enojaron (*get angry*) sus padres con él (o ella) después?

Exploración

1. ¿A quién conoce Gonzalo en casa de Pedro? ¿Quién llega de visita?

2. ¿Adónde van Patricio y Gonzalo? ¿Qué hay allí? ¿Qué compran? ¿Qué dicen los letreros (*signs*) afuera?

3. ¿Por qué hay una fiesta en casa de Gonzalo? ¿Van a estar en casa sus padres?

4. Cuando Pedro dice que lo va a acompañar, Gonzalo responde sorprendido: "¿A mi casa?" ¿Cómo reacciona Pablo cuando ve a Pedro: lo trata bien?

Nota cultural

En Chile, la gente hace una pausa por la tarde para "tomar once", como se ve en la película cuando los muchachos van a casa de Pedro. "Tomar once" quiere decir tomar una bebida (tradicionalmente té, como en Inglaterra) y comer algo.

5. ¿Quién come mucho en la fiesta? ¿Por qué, probablemente?

6. A la hermana de Gonzalo no le gusta que él la vea con su novio, Pablo. Entonces, ¿qué le da a Gonzalo? O sea, ¿qué quiere que haga?

7. ¿Qué le presta Gonzalo a Pedro? ¿Quién se los regaló?

8. ¿Por qué no va al colegio Silvana?

Segmento 3

En la primera escena de este segmento, Gonzalo está en casa de Roberto. Oye unos perros (*dogs*) en la calle.

Preparación

Asociaciones. ¿Con qué personaje de la película se asocia cada una de las siguientes cosas? (Hay más de una respuesta posible.)

Modelo:	
un vestido nuevo	**María Teresa**

1. una bicicleta
2. un camión
3. mucha ropa
4. unos Adidas
5. el libro *El Llanero Solitario*
6. un uniforme
7. un suéter muy usado
8. un acento inglés
9. la leche condensada
10. buenas notas

Exploración

1. ¿Qué quiere ser Pedro cuando crezca? ¿y Gonzalo? ¿y Silvana?

2. ¿Por qué quería dinero el padre de Pedro? ¿Cómo trata a su esposa, Juana?

3. ¿Qué le dice el padre de Pedro sobre el futuro de Gonzalo? ¿y sobre el futuro de Pedro?

4. ¿Por qué hay una disputa entre los padres de los alumnos del colegio?

5. En la manifestación anti-Allende, Pablo toma los cigarrillos importados que Silvana vende y no le paga. ¿Cómo reacciona ella?

6. ¿Quién está en un automóvil cerca de Pablo? ¿Qué pasa entre ella y Silvana?

7. ¿Adónde va a ir Patricio, el padre de Gonzalo? ¿Por qué? ¿Qué sugiere que la familia haga? ¿A Gonzalo le gusta esta idea?

Nota cultural

Cuando Pablo le pregunta a Pedro "¿Cómo te llamas?", quiere saber qué apellido tiene (y después se ríe de la respuesta). En Chile en los años setenta (1970) el apellido era muy importante. La expresión "gente de apellido" quiere decir gente de "buena" familia. Cuando María Teresa le hace la misma pregunta a Pedro, Gonzalo parece nervioso, pero se afloja (*he relaxes*) cuando su mamá parece aceptar a su amigo a pesar del (*in spite of the*) apellido. Hoy hay más gente rica de origen humilde (*humble*), pero los "buenos apellidos" siguen teniendo influencia. Mucha gente de la clase alta todavía se presenta con sus dos apellidos: por ejemplo, "Me llamo Tomás Wilcox Llona."

Segmento 4

En la primera escena de este segmento, los militares entran en el colegio.

Preparación

Los personajes. Lea las descripciones y los nombres de los personajes. Trate de emparejar cada personaje con su descripción; si no sabe todas las respuestas, adivine (*guess*). Después de ver este segmento, vuelva a completar este ejercicio.

_____	1. el rector del Colegio St. Patrick	a. Pedro
_____	2. el padre de Gonzalo	b. Gonzalo
_____	3. la madre de Gonzalo	c. María Luisa
_____	4. un niño pobre recién llegado al colegio	d. el padre McEnroe
_____	5. la prima de Pedro	e. Silvana
_____	6. un hombre mayor, amigo de María Luisa	f. Patricio
_____	7. un niño rico y muy agresivo	g. Gastón

____ 8. un niño simpático que saca   h. el coronel
          buenas notas   Sotomayor

____ 9. un militar   i. Roberto

Exploración

1. El coronel Sotomayor dice que van a "ordenar" las cosas en el
    colegio. ¿A quiénes se refiere cuando dice "No queremos gente
    floja (*lazy*) ni delincuente de ningún tipo"?

2. ¿Por qué van a expulsar (*expell*) a varios niños de la clase, a esos
    que mandan a la oficina del rector?

3. ¿Por qué come el padre McEnroe todas las hostias (*communion
    wafers*) antes de irse?

4. ¿Quién tiene el valor de levantarse y decir "Goodbye, Father
    McEnroe" cuando todos los demás están sentados y no dicen
    nada? ¿Qué pasa después?

5. ¿A quién matan (*kill*) los militares en el barrio de Pedro? ¿Por
    qué?

6. ¿Qué le dice Gonzalo al soldado que quiere que vaya con los
    pobres?

7. Después del golpe militar, ¿quién llega a vivir a la casa de
    Gonzalo?

8. ¿Qué cambios hay en el Colegio Saint Patrick?

9. ¿Le ayuda Gonzalo a Gastón con el examen?

10. Cuando Gonzalo va en bicicleta al río, ve una lata (*can*) de leche condensada. ¿Qué ya no está allí?

Nota cultural

Cuando Gonzalo mira al cielo y ve dos jets, hay una referencia al bombardeo de La Moneda, el palacio nacional, el 11 de septiembre. El general Augusto Pinochet reemplazó la democracia con un régimen de terror. Más de 2.600 personas "desaparecieron", más de 28.000 fueron torturadas y cientos de miles salieron del país. Bajo la dictadura (*dictatorship*), que duró hasta 1990, había mucha corrupción: años después, un juez (*judge*) chileno calculó que Pinochet tenía aproximadamente $28 millones de dólares en bancos estadounidenses. En 1998 el ex-presidente viajó a Londres y la policía lo arrestó por violación de los derechos humanos. Por razones de salud lo dejaron regresar a Chile. Pinochet murió en 2006 a la edad de 91 años.

Análisis y contraste cultural

Vocabulario

Algunos adjetivos	
asqueroso(a)	*disgusting*
comunista	*communist*
culpable	*guilty*
flojo(a)	*lazy*
responsable	*responsible*
tonto(a)	*stupid, foolish*
tranquilo(a)	*calm, tranquil*
Tranquilo(a).	*Calm down.*

Otras palabras

acompañar	*to accompany, go with*
defenderse (ie)	*to defend oneself, manage or get along okay*
devolver (ue)	*to give back, return (something)*
el/la imbécil	*idiot*
el perro	*dog*
la plata	*(colloquial, literally "silver") money*
prestar	*to loan, lend*
saltar	*to jump*

Expresiones chilenas*

curado(a)	*drunk*
guatón (guatona)	*fat*
la guagua	*baby*
la población	*slum*
el/la pituco(a)	*snob*
tomar once	*to have tea or a snack in the afternoon*

*All of these expressions are colloquial.

A. **La respuesta apropiada.** Para cada afirmación de la columna izquierda, escoja una respuesta apropiada de la columna derecha.

_____ 1. Ese tonto no entiende nada.

_____ 2. La comida de ese restaurante es horrible.

_____ 3. Esa chica es muy floja.

_____ 4. Tiene mucha plata en el banco.

_____ 5. ¡Tengo un problema muy grande!

a. Sí, su familia tiene dinero.

b. Nunca quiere hacer nada.

c. No pierdas el tiempo con él; es un imbécil.

d. Tranquilo, tranquilo. Dime qué pasa.

e. De acuerdo. Es totalmente asquerosa.

B. **En resumen.** Complete las oraciones con palabras apropiadas de la siguiente lista.

acompaña	devuelva	responsables
comunista	perros	salta
culpable	presta	se defiende

1. Gastón quiere que Pedro le _____ su asiento porque quiere que Gonzalo lo ayude con los exámenes.

2. Gonzalo le _____ sus Adidas a Pedro.

3. Gonzalo _____ a Pedro, Silvana y Willie a una manifestación.

4. Allí la gente _____ para mostrar su entusiasmo y grita "Allende, Allende, el pueblo _____."

5. El padre de Juana cuidaba animales en el campo. Cuando moría un animal, él era el _____, según el dueño (no importaba la razón de la pérdida o muerte).

6. En casa de Roberto, Gonzalo oye unos _____ en la calle.

7. Uno de los padres de los alumnos del colegio acusa al padre McEnroe de ser _____.

8. Patricio dice que todos son _____ de los problemas del colegio, no sólo el padre McEnroe.

C. **¿Y en Chile?** Para cada palabra subrayada, busque una palabra que se podría oír en Chile. (Consulte la sección "Expresiones chilenas".)

1. Tengo un bebé de seis meses.

2. Es un esnob; su familia tiene dinero.

3. Vete a tu barrio pobre.

4. Son las cuatro de la tarde; vamos a tomar el té.

5. Estás borracho; ¿cuántas copas tomaste?

6. Si sigues comiendo, te vas a poner gordo.

Temas de conversación o composición

Discuta con sus compañeros los temas que siguen.[*]

1. la casa de Gonzalo vs. la casa de Pedro (¿Cuál es la reacción de Gonzalo cuando va por primera vez a la casa de Pedro? ¿Qué cosas lo sorprenden? ¿Por qué no come? ¿Por qué tienen una foto de Salvador Allende en la pared? ¿Cómo es la reacción de Pedro cuando va a la casa de Gonzalo? ¿Qué cosas lo sorprenden? ¿Cómo lo trata el novio fascista o neo-nazi de la hermana de Pedro? ¿Qué quiere Pedro que Gonzalo le preste?)

2. la relación entre Pedro, Gonzalo y Silvana (¿Cómo empieza la amistad entre Pedro y Gonzalo? ¿Qué tienen en común? ¿Cómo es Silvana? ¿Es *Machuca* también una historia de amor?)

3. la maternidad (¿Es una buena madre María Luisa? ¿Y la madre de Pedro? ¿Cómo son las vidas de estas dos mujeres?)

4. el personaje del padre McEnroe (¿Cómo es? ¿Le gustan los deportes? ¿Por qué quiere ayudar a Pedro y a los otros niños pobres? ¿Por qué dice que está decepcionado: qué quiere que los niños hagan? ¿Qué le pasa al final de la película? [NB: La película está dedicada a Gerard Whelan, el director de Saint George, el colegio al que Wood asistió.])

5. *El Llanero Solitario* (¿Quién le regala los libros del *Llanero Solitario* a Gonzalo? ¿Por qué le dice Gonzalo a Roberto que no le gustan? ¿Por qué Tonto se llama Toro en español? ¿Por qué dice Silvana, "¿Cuándo has visto que un blanco sea amigo de un indio?")

6. las discusiones en la escuela entre los padres de los alumnos y el padre McEnroe (¿Están de acuerdo todos los padres de los chicos sobre la situación? ¿Refleja esta escena la situación afuera del colegio? Si es así, ¿de qué forma?)

7. las manifestaciones en la calle (¿Quiénes participan en la manifestación pro-Allende? ¿Quiénes participan en la manifestación anticomunista? ¿Dónde venden banderas Pedro y Silvana? ¿Qué problema hay entre Silvana y María Luisa?)

---

[*] Your instructor may ask you to report back to the class or write a paragraph about one of the topics.

8. el golpe militar (¿Qué cambios hay en el colegio después del golpe? ¿y en la casa de Gonzalo? ¿Qué pasa en la casa de Pedro? ¿Quiénes se benefician (*benefit*) del golpe?)

9. la polarización política (¿Qué efecto tiene la polarización de la sociedad en las vidas de los chicos? ¿Hay una polarización política en Estados Unidos ahora? ¿Por qué sí o por qué no?)

Una escena memorable

¿Qué pasa en esta escena? ¿Quién consiguió la leche condensada? ¿Fue fácil conseguirla? Describa la relación entre Gonzalo, Silvana y Pedro.

Hablan los personajes

Analice las siguientes citas, explique de quién son y póngalas en contexto. (Para una lista de los personajes, ver la sección "Preparación", Segmento 4. También está la madre de Pedro, Juana.)

1. "Van a aprender a respetarse aunque sea lo único que aprendan en este colegio. No me importa quienes son, donde nacieron."

2. "Para Chile a lo mejor el socialismo, pero para nosotros no."

3. "En quince años tu amigo va a ser dueño de la empresa (*company*) del papito. Y tú, adivina… vas a seguir limpiando baños."

4. "Los niños y los curados no mienten, ¿verdad?"

5. "Al que no le gusta el colegio, se va del colegio."

6. "¿Cuál es la idea de mezclar (*mix*) las peras con las manzanas?...
No digo que somos mejores o peores pero somos distintos,
padre."

7. "Yo me vine así a Santiago a los quince [años] porque no quería
que mis hijos fueran los culpables (*guilty ones, those blamed*)
de todo... Los culpables siempre somos los mismos... Yo me
pregunto no más: ¿Cuándo se van a hacer las cosas de otra
manera? ¿Cuándo se va a atrever (*dare*) a hacer algo distinto?"

8. "Nosotros estamos aquí para... ordenar todo esto, para que de
una vez se dediquen a estudiar y no a otra cosa. Y en cuanto
a los alumnos que no pagan, no queremos gente floja ni
delincuente de ningún tipo."

9. "Ya no es más un lugar sagrado. El Señor ya no esta acá."

Hablando de la cultura

Chile es un país de inmigrantes y hay mucha influencia de ciertos
grupos. Por ejemplo, hay lugares en Chile, especialmente en el sur,
donde la influencia alemana es muy evidente (en la arquitectura,
la comida, etc.). Los ingleses llegaron en el siglo XIX y dominaron
ciertas industrias (por ejemplo, los ferrocarriles [*railroads*] y el
comercio de importación y exportación); también establecieron
clubes y colegios, como el Colegio Saint George. Dice la escritora
chilena Isabel Allende de los ingleses: "Los admiramos tanto, que nos
creemos los ingleses de América Latina, tal como consideramos que
los ingleses son los chilenos de Europa... Sin duda, tenemos algunas
cosas en común con los hijos de la rubia Albión: individualismo,
buenos modales (*manners*), sentido del *fair play*, clasismo, austeridad
y mala dentadura (*teeth*)."* ¿Puede usted mencionar ejemplos de
algunas de estas características en la película?

---

* Isabel Allende, *Mi país inventado: Un paseo nostálgico por Chile* (New York:
HarperCollins, 2003), p. 61.

Hablan los críticos y los directores

"Filmado con sencillez (*simplicity*), consigue la apuesta arriesgada
(*it achieves the daring attempt*) de la reconstrucción del *look* años
setenta, muy bien interpretada, sobre todo por los dos niños;
Machuca contiene varias secuencias sorprendentes (*surprising*):
Gonzalo, Pedro y Silvana besándose en la boca para intercambiarse
leche condensada, los críos (*kids*), pasando de una manifestación
anti-Allende a otra de sus partidarios (*supporters*), los ciudadanos
hambrientos cazando perros callejeros (*hungry citizens hunting
street dogs*) para comerlos, el padre McEnroe tragándose todas las
hostias consagradas (*swallowing all the communion wafers*) en señal
de protesta contra la dictadura y la imposición de la ley marcial en su
colegio."

> — Rocío Fondevila, "Machuca, de Andrés Wood",
> http://groups.msn.com/cinevisiones/cinedvdrocof.
> msnw?action=get_message&mview=0&ID_
> Message=661

Para usted, ¿cuáles son las escenas más impresionantes de la película?
¿Hay alguna que sea muy memorable o emotiva?

"He [Andrés Wood] shows the flaws of both sides: drunkenness,
abuse and self-created misery in the shantytown society, hypocrisy
and exploitation in Gonzalo's parents' world. The entire film has a
smudged, hazy look, which Wood and cinematographer Miguel John
Littin (son of the famed radical Chilean filmmaker Miguel Littin) get
by using super 16 mm and natural light and letting the backgrounds
fade out a little. Even so, his sympathies are obvious. The school's
progressive forces are led by Father McEnroe (Ernesto Malbran), a
character based on the late St. George's headmaster, Father Whelan.
Rather than a rabid revolutionary, Father McEnroe is shown as a
conciliatory, fair-minded man trying to knit together the various
factions of his church. The movie is called *Machuca*, but Gonzalo
is its center of consciousness, and Silvana (beautifully played by
Martelli) makes the biggest impression: thin-skinned, intense,
fervently political and violently opposed to the 'snobs.' The best

recent film portrayals of Allende's fall include two documentaries: Patricio Guzman's *Salvador Allende* and Ken Loach's segment of the omnibus film *11'09"01*. But, more than either of them, *Machuca* has a feeling of truth: that strong sense of re-created reality we feel in Truffaut's *400 Blows* or Louis Malle's *Au Revoir les Infants*. A story of national violence and guilt seen through innocent eyes, *Machuca* communicates the moral crises of Allende's fall with so much dramatic force that I think it can be enjoyed by people of many political persuasions, who simply like humanity and a good story."

> — Michael Wilmington, *Chicago Tribune*, August 27, 2007. http://chicago. metromix.com/movies/review/movie-review-machuca/161077/content

¿Está usted de acuerdo con que Wood "shows the flaws of both sides"?

"A la larga (*In the long run*), [*Machuca*] parece decirnos, el único punto en el cual ricos y pobres pueden sentirse unidos en este país es en ese momento cruel e inevitable en que todos reconocen el desamparo (*helplessness*) en el cual viven. En un Chile consagrado a la obtención de (*dedicated to obtaining*) capital y al sistemático olvido de las tragedias que le hicieron posible, *Machuca* es algo más que un testimonio de lo que fuimos: es, al final y más importante, una fotografía de lo que seguimos siendo."

> — Daniel Villalobos, "Machuca: Lección de historia", *CivilCinema*, 11 de agosto de 2004. http://www.civilcinema.cl/critica. cgi?c=137

Si *Machuca* es una fotografía de lo que fueron y de lo que son los chilenos, ricos y pobres, ¿cuál sería su equivalente estadounidense? ¿Puede usted nombrar una película estadounidense que muestre una polarización o una división entre clases sociales o económicas? ¿Qué características tiene en común con *Machuca*? ¿En qué se diferencia?

Más allá de la película:
Dos mujeres famosas que se llaman Isabel Allende

Preparación

Skills: Word families (infinitives and past participles), Guessing meaning from context, Recognizing word categories

A. **Familias de palabras**. Para cada infinitivo, dé el participio pasado. Después, busque los participios en la lectura que sigue. Subráyelos. ¿Qué quieren decir?

> *Modelo:*
>
> anunciar *to announce*   anunciado

Infinitivo	Participio pasado
1. asesinar *to assasinate, murder*	_____
2. convencer *to convince*	_____
3. detener *to detain*	_____
4. suceder *to happen*	_____
5. torturar *to torture*	_____

B. **Volver a…** ¿Qué quieren decir las palabras subrayadas en las siguientes oraciones?

1. Silvia leyó la carta. <u>La volvió a leer</u>. Después de leerla dos veces, empezó a llorar.

2. Saqué una nota muy mala en la composición. Mi profesor <u>quiere que la vuelva a escribir</u>. Tengo que escribir una nueva versión esta noche.

3. Fui al cine con Tomás. No lo pasamos bien. <u>No voy a volver a salir con él</u>.

¿Qué quiere decir **volver a** + infinitivo? (Va a ver un ejemplo en la entrevista con Isabel Allende Bussi que sigue.)

C. **Fuera de lugar.** Escoja el cognado que está fuera de lugar.

1. obstáculo / problema / curiosidad / dificultad
2. biografía / historia / novela / carrera
3. experimento / novedad / estilo / originalidad
4. cristalina / transparente / clara / compacta
5. trágico / grandioso / magnífico / extraordinario

Entrevista con Isabel Allende Bussi

Isabel Allende Bussi es hija de Salvador Allende. En una entrevista con Ima Sanchís, describe lo que pasó el 11 de septiembre de 1973, el día cuando Gonzalo ve los dos jets en el cielo de Santiago en la película *Machuca*.

¿Cómo vivió [usted] el día del asesinato de su padre?

El golpe de estado de Pinochet era una crónica anunciada°. El teléfono no paraba, pero estaba muy cansada y lo dejé sonar°.

crónica... *story that had been foretold* / *ring*

¿Qué hizo [usted] cuando finalmente respondió?

Mi marido se quedó con mis dos hijos y yo corrí a La Moneda, al palacio de gobierno. Llegué a las nueve de la mañana, fui la última en entrar. Después comenzaron los ataques.

¿Quién había?

Un grupo humano muy compacto dispuesto a compartir con el presidente lo que fuera°. Algunos salimos a tiempo. Los otros fueron detenidos, torturados y asesinados.

dispuesto... *ready to share with the president whatever might happen*

¿Qué le dijo su padre?

que... *to leave*
pointless

Nos pidió varias veces que nos fuéramos°: "No quiero muertes inútiles°", repetía. A mi hermana Beatriz y a mí nos llevó aparte: "Deben salir de aquí para poderle contar al mundo lo que ha sucedido." Luego nos acompañó a la puerta y nos abrazamos° en silencio. No volvimos a verlo.

nos... *we embraced*

¿Y su madre?

Mi padre la llamó muy temprano: "Quédate en casa y llama a las niñitas [sus hijas]... para que vayan para allá."

Pero si bombardearon su casa.

de... *miraculously*
embassy

Mi padre estaba convencido de que no bombardearían la casa de la familia. Mi madre salió viva de milagro°. Cinco días después, nos exiliamos en la embajada° de México.

* * * *

certainly

Nadie sabe con certeza° qué le pasó a Salvador Allende al final. La historia oficial es que se suicidió. En sus últimas palabras por radio, dijo:

faith / will rise above / bitter

en... *in which betrayal attempts to impose itself*

de... *once again*

avenues

"Tengo fe° en Chile y su destino. Superarán° otros hombres este momento gris y amargo° en el que la traición pretende imponerse.° Sigan ustedes sabiendo que, mucho más temprano que tarde, de nuevo° se abrirán las grandes alamedas° por donde pase el hombre libre, para construir una sociedad mejor. ¡Viva Chile! ¡Viva el pueblo! ¡Vivan los trabajadores!
Éstas son mis últimas palabras y tengo la certeza de que mi sacrificio no será en vano. Tengo la certeza de que, por lo menos, será

una lección moral que castigará la felonía, la
cobardía° y la traición."

castigará... *that will punish treachery, cowardice*

— Salvador Allende, el 11 de
septiembre de 1973 a las
9:10 de la mañana, Radio
Corporación, Santiago de
Chile

Beatriz, la hermana de Isabel, se suicidió en
1977; según Isabel, nunca se recuperó° de la muerte
de tantos familiares y amigos. Isabel pudo regresar
a Chile en 1988 y en 1993 fue elegida a la Cámara de
Diputados°.

se... *recovered*

Cámara... *House of Representatives*

Entrevista con Isabel Allende Llona

La famosa autora Isabel Allende Llona salió
de Chile después del golpe militar. Describe esa
época en su primera novela, *La casa de los espíritus.*
Su padre, Tomás Allende, era primo de Salvador
Allende. En una entrevista en 2006, habla de la
presidenta chilena Michelle Bachelet.

Un poco de historia: En 1973 el padre de
Michelle, el general Alberto Bachelet, se opuso° al
golpe militar. Fue arrestado y torturado y murió en
la prisión víctima de la dictadura de Pinochet y de
sus "compañeros de armas". Su esposa Ángela y su
hija también fueron arrestadas y torturadas, pero
se escaparon gracias a sus conexiones militares.
Michelle fue elegida presidenta de Chile en 2006.

se... *opposed*

Luna Bolívar Manaut entrevistó a Isabel Allende Llona para DW-World en octubre de 2006.

¿Se siente usted orgullosa° de tener a una mujer a la cabeza del gobierno de su país?

Me siento muy orgullosa de tener a una mujer, y mucho más orgullosa de que esa mujer sea Michelle Bachelet, porque es una persona extraordinaria. Usted habrá leído° su biografía y sabe las cosas por las que ella ha pasado… cómo su padre fue asesinado en la tortura por las mismas personas que eran sus compañeros de armas, cómo ella y su madre fueron detenidas y torturadas… toda su historia es trágica y también grandiosa porque esta mujer se ha sobrepuesto° a mil obstáculos y ha tenido una carrera limpia, cristalina, transparente.

Y ahora está presidiendo° un gobierno en el que no sólo ella como mujer presidenta es una novedad y una sorpresa para Chile, sino el hecho° de lo que se llama en Chile hoy la "paridad", que es que ella ha nombrado 50 por ciento de mujeres en todos los cargos° públicos importantes.

Por primera vez hay energía femenina en la gerencia° del país. Esto puede ser una cosa tan revolucionaria y tan interesante como la que intentó° hacer Allende, en otro estilo, en otro tiempo y en otro país (porque Chile es ahora otro país), pero yo creo que hay tanta curiosidad por Michelle Bachelet como la hubo por Allende entonces porque son experimentos novedosos°, gente que está tratando de cambiar algo que durante cientos de años se ha hecho° de una cierta manera.

proud

habrá… *must have read*

overcome

presiding over

sino… *but also the fact*

offices

administration
attempted

new, novel

se… *has been done*

Exploración

Skills: Getting main ideas, understanding details, expressing opinions.

A. **¿Quién es?** Empareje la persona con su descripción.

_____ 1. Salvador Allende   a. presidenta de Chile elegida en 2006

_____ 2. Isabel Allende Bussi   b. escritora muy famosa

_____ 3. Isabel Allende Llona   c. general que murió en la prisión

_____ 4. Augusto Pinochet   d. hija de Salvador Allende

_____ 5. Alberto Bachelet   e. dictador chileno desde 1973 hasta 1990

_____ 6. Michelle Bachelet   f. presidente de Chile elegido en 1970

B. **¿Verdadero (V) o falso (F)?**

_____ 1. Isabel Allende Bussi fue al palacio de gobierno para estar con su padre el 11 de septiembre de 1973.

_____ 2. Su padre quería que ella se quedara con él.

_____ 3. Bombardearon la casa de la familia del presidente, pero la esposa de Salvador Allende pudo escapar.

_____ 4. Beatriz Allende Bussi se suicidió en 1977.

_____ 5. Isabel Allende Bussi fue elegida presidenta de Chile.

_____ 6. *La casa de los espíritus* es la última novela de Isabel Allende Llona.

_____ 7. El general Alberto Bachelet participó con Augusto Pinochet en el golpe militar de 1973.

_____ 8. La esposa de Bachelet y su hija Michelle fueron detenidas y torturadas.

C. **La "paridad".** Trabajen en grupos. ¿Qué opinan de la "paridad", la idea de tener el 50 por ciento de mujeres en todos los cargos públicos importantes? ¿Debemos hacer lo mismo en este país? ¿Por qué sí o por qué no? Estén preparados para hacer un reportaje sobre sus ideas a la clase.

CAPÍTULO 6

Guantanamera

Presentación de la película

La vieja y famosa cantante Yoyita Travieso vuelve a Guantánamo, su ciudad natal (*home*). Visita a su sobrina Gina, asiste a una elegante recepción en su honor y muere en brazos de Cándido, enamorado (*in love*) de ella desde la adolescencia. Ahora hay que llevar a Yoyita a La Habana, en el otro extremo de la isla, para su entierro (*funeral*).

- Tomás Gutiérrez Alea fue uno de los directores latinoamericanos más exitosos (*successful*) de todos los tiempos. Entre sus películas están *La muerte de un burócrata* (1966), *Memorias del subdesarrollo* (1968), *La última cena* (1976), *Hasta cierto punto* (1983) y *Fresa y chocolate* (1993). A pesar de la censura (*censorship*) en Cuba, los films del gran director cubano satirizan la vida bajo el régimen de Fidel Castro.

- Juan Carlos Tabío es el co-director de *Guantanamera*, *Hasta cierto punto* y *Fresa y chocolate*.

- Mirta Ibarra, la esposa de Gutiérrez Alea, interpreta a Gina.

- Los nombres Yoyita y Gina son apodos (*nicknames*) para Georgina.

Vocabulario preliminar

Note: In Cuba, the **s** sound sometimes goes unpronounced, so that **Buenos días** may sound like **Bueno día** or **¿Cómo estás?** may sound like **¿Cómo está?** Similarly, the **d** sound may not be heard: **usted** may sound like **usté** (or **u'té**) or **nada** like **na'a**.

Cognados	
la cafetería	la gasolina
el dólar	el kilómetro
la economía	la universidad

El entierro	
el ataúd	*coffin*
el cadáver	*corpse*
la caja	*coffin*
el coche (carro) fúnebre	*hearse*
el/la difunto(a)	*deceased*
el/la doliente	*mourner*
enterrar (el entierro)	*to bury (burial, funeral; funeral procession)*
el familiar	*relative*
la flor	*flower*
la funeraria	*undertaker's, funeral home*
la muerte	*death*
el/la muerto(a)	*dead person*

Las profesiones

el/la cantante	*singer*
el/la chofer	*driver*
el/la economista	*economist*
el/la funerario	*undertaker*
el/la ingeniero(a)	*engineer*
el/la músico	*musician*
el/la profesor(a)	*professor*
el/la rastrero(a)	*tractor-trailer truck driver (Cuba)*

Otras palabras

la brujería	*witchcraft; spell*
la casualidad	*coincidence*
la cinta	*ribbon*
dar clase	*to teach*
de parto	*in labor*
escotado(a)	*low-cut (blouse, dress)*
el homenaje	*tribute*
el lío	*problem, trouble*
la paladar	*small restaurant in a private home (Cuba)*
la rastra	*tractor-trailer truck (Cuba)*
el traslado	*transport*
tropezar (ie) con	*to bump into*
el viaje	*trip*

A. **Las profesiones.** Explique lo que hacen las personas que tienen las siguientes profesiones.

1. rastrero(a)
2. cantante
3. chofer
4. economista

5. funerario(a)
6. ingeniero(a)
7. músico
8. profesor(a)

B. **La muerte de la abuelita.** Complete el párrafo con la forma apropiada de las palabras de la lista "El entierro". Utilice todas las palabras.

La (1) _____ sorprendió a la abuelita cuando dormía.

Yo era muy pequeño y me impresionó mucho ver su (2) _____

tan blanco y pequeño. Por la tarde fuimos a la (3) _____

para ver los (4) _____ y escogimos una (5) _____

de madera negra para la (6) _____. Llevaron a la

(7) _____ al cementerio en un gran coche (8) _____.

Asistieron muchos (9) _____ al (10) _____ y había

muchas (11) _____ bonitas mandadas por los

(12) _____ y los amigos.

C. **¡Es lógico!** Escoja la palabra que completa lógicamente la oración.

1. ¡Hola, amiga! Es la tercera vez que tropiezo contigo hoy.
   ¡Qué…
      a. lío!   b. homenaje!   c. casualidad!
2. Me encanta esa blusa…
      a. cinta.   b. escotada.   c. doliente.
3. El dólar no está tan fuerte ahora porque no va muy bien…
      a. el kilómetro.   b. la gasolina.   c. la economía.
4. Ella es la profesora que daba clase de economía política en…
      a. la paladar.   b. la universidad.   c. el traslado.
5. Llevamos al hospital a Yamilé. Está…
      a de parto.   b. de viaje.   c. de brujería.

Segmento 1

Preparación

Los sueños

1. ¿Qué quiere hacer usted en la vida antes de que sea demasiado tarde (*too late*)?
2. ¿Ha perdido usted alguna vez la oportunidad de realizar (*fulfill*) un sueño?

Exploración

Los personajes. Antes de ver el Segmento 1, lea los nombres de los personajes y la lista de profesiones. Después de verlo, empareje los personajes con la profesión que se asocia con cada uno(a).

_____ 1. Adolfo	a.	funerario(a)
_____ 2. Cándido	b.	rastrero(a)
_____ 3. Gina	c.	cantante
_____ 4. Mariano	d.	chofer
_____ 5. Ramón	e.	músico
_____ 6. Tony	f.	profesor(a)
_____ 7. Yoyita		

Nota cultural

Como consecuencia de la legalización del dólar en 1993, hay dos economías legales en Cuba. Las personas que tienen acceso a dólares (mandados por familiares en Estados Unidos o conseguidos por servicios a los turistas) viven mucho mejor que las demás (*everybody else*).

Segmento 2

En la primera escena de este segmento, Mariano y Ramón llegan a un bar de carretera (*roadside*).

Preparación

Indique qué personaje o personajes se asocian con las siguientes cosas y explique por qué.

Adolfo	Gina	Ramón
Cándido	Mariano	Yoyita

1. una cinta azul
2. la brujería
3. un vestido escotado
4. una niña misteriosa
5. los líos con mujeres
6. un plan ridículo

Exploración

1. ¿Con quién se encuentra Gina en el bar de carretera?
2. ¿Por qué se va del bar el grupo de Adolfo?
3. ¿Por qué se enoja (*get angry*) Adolfo con Cándido?
4. ¿Qué piensa Gina del plan de Adolfo?
5. ¿Qué le pasa a Ramón cuando llega Marilis? ¿Adónde lo lleva Mariano?

6. ¿Para qué van al hospital Gina, Tony y Cándido?

7. ¿Con quién se encuentra Gina en la paladar?

8. ¿Quién le da una flor a Cándido?

Notas culturales

Yamilé, la mujer que está de parto, le pide ayuda a Santa Bárbara, identificada en la santería (una religión afrocubana) con Changó, el dios de los truenos (*thunder*).

El colapso de la Unión Soviética en 1991 tuvo un gran impacto negativo sobre Cuba. Como consecuencia, en 1993 el gobierno cubano tuvo que hacer algunas reformas económicas, como la legalización de las paladares y de otras empresas (*businesses*) privadas.

Segmento 3

En la primera escena de este segmento, Adolfo, Gina y Cándido llegan a la funeraria de Camagüey.

Preparación

¿Qué pasará? ¿Qué va a pasar en el segmento 3? Haga por lo menos dos predicciones. Vuelva a leer sus predicciones después de ver el segmento.

> *Modelo:*
>
> Gina y Mariano se van a encontrar otra vez.

_____

_____

_____

_____

Nota cultural

"Guajira Guantanamera" es la canción cubana más conocida del mundo. La composición musical, inspirada en las mujeres de Guantánamo y en el son (tipo de música popular bailable) que se toca en esa zona, es de Joseíto Fernández. En la década de 1960 el músico folk norteamericano Pete Seeger popularizó su versión de la canción con letra (*lyrics*) tomada de los *Versos sencillos* del escritor y héroe de la independencia cubana José Martí.

Exploración

1. Según Cándido, ¿qué debe hacer Gina con respecto a Adolfo?
2. ¿Quién es Hilda?
3. ¿Por qué le pega (*hit*) Gina a Mariano?
4. ¿Quién es Wina?
5. ¿Por qué no quiere Raúl que Mariano lo acompañe a la gasolinera?
6. ¿Qué le da Mariano a Tony en la gasolinera?
7. ¿En qué vehículo sigue el viaje Cándido? ¿Con quién viaja?
8. ¿Qué le da Tony a Gina en el café de Santa Clara?
9. ¿Qué pasa con el ataúd de Yoyita?
10. ¿Qué compra Gina?

Segmento 4

En la primera escena de este segmento, Adolfo trata de abrir la
puerta del coche, pero está cerrada con llave (*locked*). Llegan Gina,
Cándido y Tony.

Preparación

Sueños frustrados. Muchos de los personajes de *Guantanamera*
tienen sueños frustrados. Dé por lo menos dos ejemplos.

> *Modelo:*
> Cándido nunca fue a La Habana y nunca tocó
> en una orquesta sinfónica.

_____

_____

_____

_____

Exploración

1. ¿Por qué le pega Mariano a Adolfo?
2. ¿Qué le pide Tony a un empleado de la funeraria de Matanzas?

3. ¿Qué va a hacer Gina con respecto al programa de orientación de la juventud?

4. ¿Quién es Niurka? ¿Dondé vive ahora?

5. ¿Qué pasa cuando Cándido se acerca (*approaches*) al ataúd en la funeraria de La Habana?

6. ¿Qué hace Adolfo inmediatamente después?

7. ¿De qué habla Adolfo en su discurso?

8. ¿A quiénes se entierran uno al lado del otro?

9. ¿Cómo termina la película?

Nota cultural

Olofin e Iku son divinidades de la santería caribeña. La santería es un culto que tiene como elemento esencial la adoración de dioses que son producto de la fusión de religiones africanas con la religión católica.

Análisis y contraste cultural

Vocabulario

El viaje	
bajarse	*to get out (of a vehicle)*
el camino (en camino)	*road (on the way)*
la carretera	*highway*
la correa (del ventilador)	*(fan) belt*
de repuesto	*spare*
montarse	*to get in or on (a vehicle)*
la ruta	*route*
el Volga	*Russian-made car*

Otras palabras

acabar con	*to put an end to*
cargar con	*to take care of, take responsibility for*
dar la gana	*to feel like*
el fula (*diminutive*: fulita)	*(colloquial, Cuba) U.S. dollar*
el/la guajiro(a)	*country person*
el/la guantanamero(a)	*person from Guantánamo*
hacer caso	*to pay attention*
la juventud	*youth*
el marido	*husband*
nacer (el nacimiento)	*to be born (birth)*
la orientación	*guidance*
ser capaz de	*to be capable of*
tener que ver (con)	*to have to do (with)*

A. **Cosas que pasan.** Complete las oraciones con palabras o frases de la lista.

acaba	gana	nace
capaz	guantanamera	orientación
cargar	juventud	ver
caso	marido	

1. Yoyita es _____, pero hace cincuenta años que vive en La Habana.

2. En la película mueren dos viejos y _____ una niña.

3. La esposa de Ramón va a _____ con él cuando sea viejo.

4. Según Adolfo, no se puede permitir que la gente haga lo que le dé la _____.

5. Gina le dice a Cándido que no le haga mucho _____ a Adolfo.

6. Cándido se enoja y no quiere tener nada que _____ con Adolfo.

7. Cándido espera que Gina sea _____ de dejar a
    su _____.

8. Gina decide hacer el programa de radio de _____ de
    la _____.

9. Según un mito (*myth*) yoruba, Ikú _____ con la
    inmortalidad.

B. **En el camino.** Complete el párrafo con palabras de la lista.

bajan	correa	montan	Volga
camino	fulas	repuesto	
carretera	guajiro	ruta	

Adolfo, Gina y Cándido van en el (1) _____ de Tony.

Con frecuencia se encuentran con Mariano y Ramón, que

siguen la misma (2) _____. En una de estas ocasiones,

se rompe la (3) _____ del ventilador del carro fúnebre

y Ramón le regala a Cándido una correa de (4) _____.

Por el (5) _____ los rastreros visitan a sus amigas y

recogen pasajeros (*passengers*) que se (6) _____ y se

(7) _____ continuamente. En los restaurantes y bares

donde aceptan pesos no hay casi nada que comprar y en los

otros restaurantes sólo aceptan (8) _____. Tony tiene

unos dólares y le compra unos plátanos a un (9) _____

que los vende al lado de la (10) _____.

Temas de conversación o composición

Discuta con sus compañeros los temas que siguen.[*]

1. la crítica política y social (¿Cuál es el estado de la economía
    y la infraestructura [los edificios, los servicios de transporte,
    de electricidad, etcétera] del país? ¿Por qué hay que hacer

---

[*] Your instructor may ask you to report back to the class or write a paragraph
   about one of the topics.

actividades clandestinas para sobrevivir (*survive*)? ¿Es flexible o rígida la ideología del gobierno? ¿Qué se dice de la gente que se va del país? ¿Se hace la crítica de manera directa o indirecta? ¿de manera seria o humorística? ¿Por qué cree usted que es así? Dé algunos ejemplos.)

2. el guía turístico de Bayamo: "Durante los siglos XVI, XVII y XVIII fue Bayamo el más importante centro de contrabando de la isla, con lo que burlaba (*evaded*) las restricciones y el férreo (*strict*) monopolio comercial de la Corona española que frenaba (*held back*) la vida económica." (¿Qué tiene que ver la historia de Bayamo con la situación de Cuba en 1995?)

3. el humor negro (¿Cómo se combinan los elementos morbosos y cómicos en la película? Dé algunos ejemplos. ¿Le gusta, o no, este tipo de humor?)

4. los elementos simbólicos (¿Qué representa la niña que aparece de manera intermitente a lo largo de (*throughout*) la película? ¿la flor violeta que ella le da a Cándido? ¿la flor roja que toma Gina de la mesa donde se hacen las coronas (*wreaths*) fúnebres? ¿la lluvia? ¿la niña que nace?

5. la adaptabilidad de los cubanos (¿Cómo se adapta la gente a condiciones tan adversas?)

6. la *road movie* (¿Qué eventos y temas típicos de los films de este género hay en la película? ¿Le recuerda a alguna película norteamericana?)

7. el "mensaje" de la película (¿Qué quieren decirnos los directores con respecto a los sueños frustrados (*unfulfilled*)? ¿al socialismo en Cuba?)

8. la historia de Ikú (¿Qué tiene en común con la historia judeo-cristiana del Jardín del Edén? ¿del Arca de Noé? ¿Qué tiene que ver la historia de Ikú con el "mensaje" de la película?)

Una escena memorable

¿De quién se está escondiendo (*hiding*) Mariano? ¿Por qué se está escondiendo? ¿Quiénes son los otros personajes? ¿Qué pasa después?

Hablan los personajes

Analice las siguientes citas, explique de quiénes son y póngalas
en contexto. (Para una lista de los personajes, ver la sección
"Exploración", Segmento 1.)

1. "Ay, te queda precioso. Te lo voy a regalar."

2. "Decídete por una, compadre. Te casas con ella, la llevas para La
   Habana…"

3. "Daba unas clases… Además, decía cosas que lo ponían a pensar
   a uno. Bastantes líos se buscó (*got herself into*) con eso."

4. "Mira …tú sabes lo que esto puede significar para mí… para
   nosotros. Tú sabes lo importantes que son en este país los golpes
   de efecto (*dramatic effects*)… las cifras (*statistics*)."

5. "Cincuenta años posponiendo un viaje a La Habana."

6. "Soy yo el que tiene una pena (*sorrow*) muy grande… muy
   grande al ver cómo tú desperdicias (*waste*) tu vida al lado de ese
   hombre."

7. "Hermano, me hace falta que me haga un favor. Es que vengo del oriente (*east*) y tengo el maletero (*trunk*) del carro repleto (*full*) de cosas."

8. "Niurka no se fue ni por las amistades (amigos), ni por las canciones ni por lo que leía. Se fue porque todo eso lo tenía que hacer a escondidas (en secreto) y estaba hasta aquí ya."

9. "Sí, tú tienes razón. ¿Quién soy yo para orientar a nadie? Si yo alguna vez hago el programa ése, el que yo quiero, no es para decirle a nadie lo que tiene que pensar."

10. "Ah, y el vestido... no me lo voy a cambiar."

Hablando de la cultura...

¿En qué se parecen las prácticas funerarias de su país a las cubanas? ¿En qué se diferencian?

Hablan los críticos y los directores

"...Alea's last film, *Guantanamera*, is ... a comedy that confronts unyielding ideology and a body that seems like it won't ever get buried. ... Each of the major characters is haunted by unfulfilled dreams, which mirror the larger dream of Marxist Cuba."

— http://www.angelfire.com/ri/newlaff/tomas.html

¿Qué representa el cadáver que parece que no van a enterrar nunca? ¿Cuáles son los sueños frustrados de los protagonistas? ¿Cree usted que representan el sueño frustrado del marxismo cubano?

Según Fernando Méndez Leite, "*Guantanamera* divierte y hace pensar, expresa la alegría de un pueblo que nunca la pierde, aunque pase por coyunturas (situaciones) difíciles, por momentos inevitablemente tristes. *Guantanamera* es una película esperanzada (*hopeful*) sobre la decepción (*disappointment*), una extraña combinación, sin duda, dialéctica."

— *Guía del ocio,* Madrid, 1995, http://
clubcultura.com/clubcine/clubcineastas/
titon/guanta/guanta4.htm

¿Ofrece la película alguna esperanza para el futuro de los protagonistas? ¿para el futuro de Cuba?

Edwin Jahiel escribe que "Alea is sending his viewers, especially the Cubans, a message about the necessity to clean house. This is colorfully, deviously, subtly recounted as the legend of Olofin, the God who created life but forgot to create death. ... All this is far more poetic than the American 'Time for a change,' or 'We need new blood.'"

— www.prairienet.org/ejahiel/guantana. htm

¿Cuál es la leyenda de Olofin e Ikú? ¿Cree usted que los cineastas proponen una reforma del gobierno comunista o una ruptura (*break*) total con el pasado? Explique.

Más allá de la película:
"Sigo viviendo en Cuba por amor"

Preparación

A. **Palabras semejantes.** Busque cuatro palabras de la entrevista que terminen en **–ción** en español y en **–tion** en inglés, como tradición y *tradition*.

Palabra española	Palabra inglesa
1. _____	_____
2. _____	_____
3. _____	_____
4. _____	_____

B. **Seguir + -ndo**. Seguir + -ndo es el equivalente de *keep on + -ing* o *continue + -ing*. Busque frases con seguir + -ndo en la entrevista. ¿Qué quieren decir?

1. _____
2. _____
3. _____
4. _____
5. _____

Entrevista con Jorge Perugorría

El protagonista de la película *Fresa y chocolate* es uno de los actores cubanos más famosos de la actualidad.° En una entrevista a fondo° habla sobre Cuba, su carrera y el cine.

…

¿Usted como mestizo practica la santería?

No, pero vivo en Cuba, y convivo con° esa historia permanentemente. Para nadie es ajena° la influencia que tiene la religión yoruba entre nosotros como sociedad. En estos años difíciles, la gente ha recurrido° más a la religión como una vía° para tener esperanza y poder resistir° las dificultades económicas.

Por sincretismo° y tradición cultural, todo cubano tiene que ver° con eso, lo que significa que no hay cubano, y me incluyo, que no esté afectado por la santería.

Usted ha podido quedarse en otro país si hubiese querido, ¿por qué sigue viviendo en Cuba?

Porque estoy muy orgulloso° de ser cubano, sigo viviendo en Cuba por amor, me debo° al cine

Glosses:
present time / a… in-depth
convivo… I live with / foreign
ha… have resorted / route / withstand
syncretism, combination of different forms of belief / todo… all Cubans have a connection
proud
me… I owe everything

cubano, sigo haciendo cine allá, quiero seguir trabajando con mi gente. A veces hay problemas, pero tenemos ese espíritu propio° de los cubanos que echamos adelante° con lo que nos salga°. Incluso ahora con el tema del cine que es tan complejo, estamos utilizando el cine digital para poder seguir contando historias. Para mí es maravilloso vivir en un país donde la gente tiene esos valores° que se han perdido en otros lugares, y simplemente quiero estar ahí.

characteristic

echamos... *we keep going / whatever comes along*

values

...

¿Cree usted que su gobierno se ha dado cuenta de que criticarlo activamente no forma parte necesariamente de la disidencia?

Sí, creo que sí, desde hace tiempo además. No sé si lo ha comprendido o no, a lo mejor° queda por ahí algún funcionario obtuso que no ha llegado a entender lo beneficioso que es la crítica. Además ése es uno de los objetivos de la revolución, la crítica en busca de la mejora°, y el cine cubano que siempre ha estado representado por intelectuales, siempre ha tenido esa actitud ante la sociedad, la de hacer un cine comprometido, que critique la realidad en busca del bien.

a... *maybe*

en... *in pursuit of improvement*

...

Desde su punto de vista, ¿cómo consigue sobrevivir° el cine latinoamericano al control de las distribuidoras?

consigue... *manage to survive*

Es cierto que el monopolio de las distribuidoras está en manos de Hollywood, y es implacable, y es imposible casi, luchar contra° eso. Las dificultades que se tienen para hacer una película se ven aumentadas° con la distribución. Si se consigue estrenar en Argentina, no se puede en México, y si

luchar... *combat*

se... *are increased*

se puede en México no se puede en Brasil, y todo por el control de las distribuidoras estadounidenses. El cine latinoamericano sobrevive en los festivales y en las salas de arte°, porque comercialmente es casi imposible encontrar un espacio para mostrar las películas. Pero eso depende de las políticas° de los gobiernos sobre el tema. Si no hay voluntad° política para exhibir el cine nacional y latinoamericano cuyas historias están más cerca de nosotros, va a ser imposible luchar contra las distribuidoras porque simplemente son los dueños° de todo. Ésta es una cuestión que se debate en los festivales, y en congregaciones° de cineastas pero no se ha llegado a un acuerdo.

¿Cómo ve la evolución de su propia carrera como actor?

Siempre hay motivos diferentes para meterse° en un proyecto, a veces llega un papel importante del que hay que sacarle el jugo°, y otras veces es un director al que yo aprecio mucho°. La cuestión es que en cada trabajo me dejo la piel°, y como es natural, a veces sale maravilloso y otras no tanto. A mí me gusta mucho el cine cubano, y me honran° películas como *Fresa y chocolate, Guantanamera,* el ciego° de *Lista de espera,* son personajes que me han hecho sentir en mi salsa°, también películas españolas como *Bámbola, Volaverum* o *Cosas que dejé en La Habana.* Y la verdad es que es un privilegio, porque es tan difícil hacer cine y cuando cuentan contigo de tantas partes° yo siento que es el mejor reconocimiento° a mi trabajo. He tenido la suerte de hacer cine en Brasil, Costa Rica, pronto en El Salvador, en fin° en varios sitios y eso me hace feliz.

salas... *art houses*

policies
will

owners

meetings

get involved

del... *that you have to make the most of /* aprecio... *think a lot of /* me... *I give my all /* me... *do me honor / blind man*

en... *in my element*

cuentan...
people from so many places count on you / recognition / en... *in short*

¿Qué camino le ve usted° al cine iberoamericano?

Todas las coproducciones están permitiendo hacer cine en lugares donde antes ni se imaginaba, como Uruguay y Guatemala; e incluso potencia° el cine en países con mayor tradición, como Argentina, Brasil, o México, pero la cuestión es que los gobiernos hagan una mayor política de protección a su cine nacional.

¿Eso no choca° con la realidad de la taquilla°?

Hay que apostar por° la gente joven, que quiere hacer un cine que se disfrute° y que llegue al gran público°. El talento depende de los jóvenes que tienen un criterio más comercial.

¿Se imagina viejo en el cine?

Esta profesión no se acaba nunca, me encantaría ser un viejito y estar enrollado° con unos jóvenes para hacer una película en los Andes o en el Amazonas o donde sea que me llamen y seguir haciendo lo que siempre me ha gustado: actuar.

¿Qué... which way do you think... is going

boosts

conflict / box office
apostar... rely on
se... is enjoyable
wide audience

involved

Exploración

1. ¿Por qué tienen que ver todos los cubanos con la santería, según Jorge Perugorría?
2. ¿Por qué sigue viviendo Jorge Perugorría en Cuba?
3. ¿Qué opina Jorge Perugorría de los cineastas cubanos que critican el gobierno de su país?
4. ¿Cómo consigue sobrevivir el cine latinoamericano al control de las distribuidoras, según Jorge Perugorría?
5. ¿En qué países ha hecho cine Jorge Perugorría?

6.   Según Jorge Perugorría, qué están permitiendo las coproducciones?

7.   ¿Qué clase de cine quiere hacer la gente joven, según Jorge Perugorría?

8.   ¿Qué le gustaría hacer a Jorge Perugorría cuando sea viejo?

CAPÍTULO 7

Nueba Yol

Presentación de la película

Presentación de la película: Durante muchos años Orodote Balbuena, viudo dominicano, sueña con ir a "Nueba Yol" (Nueva York). Su amigo Fellito le dice que "llegar a Nueba Yol es como llegar a la gloria (*glory, heaven*)" y promete conseguirle (*get him*) una visa. Por fin, el sueño del inocente y simpático Balbuena va a convertirse en realidad.

- *Nueba Yol* (1996), película ganadora del "Chicago Latino Film Festival", fue la primera de las dos películas de Ángel Muñiz basadas en un programa de televisión muy popular en República Dominicana. La segunda se llama *Nueba Yol 3* en broma (*as a joke*) porque, según Muñiz, una segunda película sobre el mismo tema nunca es tan buena como la primera.

- Luisito Martí hace el papel de Balbuena, un personaje que él mismo creó y que también interpretó en el programa de televisión. Con su boina (*beret*), su peine (*comb*), su camisa roja y su "bluyín", es un personaje que todos los dominicanos conocen. Martí empezó como artista y músico en el "Combo Show" de Johnny Ventura y en el grupo de merengue "El sonido original". En República Dominicana se llama "balbuena" a la persona que quiere irse a Estados Unidos.

- Ángel Muñiz, guionista y director de la película, tuvo un éxito (*success*) instantáneo en su país natal (*native*) con *Nueba Yol* y *Nueba Yol 3*. En *Nueba Yol 3*, hay una escena cómica en la que Balbuena regaña (*scolds*) a alguien que vende casetes ilegales, una broma basada en el hecho de que se producían y se vendían muchos casetes ilegales de *Nueba Yol*.

Vocabulario preliminar

Note: In the Dominican Republic, the /s/ sound sometimes goes unpronounced, so that **Buenos días** may sound like **Bueno' día'** or **¿Cómo estás?** may sound like **¿Cómo está'?** Similarly, the /d/ sound may not be heard: **usted** may sound like **uste'** (or **u'te'**) or **nada** like **na'a**. Other sounds may be dropped as well; for instance, **echar para adelante** can sound something like **echá' p'alante**.

Cognados	
el chef	el/la turista
el crac	la visa
tranquilo(a)	

El dinero	
el billete (de a cinco)	(*five-dollar*) *bill*
los chavos	(*colloquial, Dom. Rep.*) *pesos or dollars*
los cuartos	(*colloquial, Dom. Rep.*) *money, dough*
hipotecar	*to mortgage*
la lana	(*colloquial, Mexico*) *money, dough*
prestar	*to loan*

Otras palabras

agradecido(a)	*grateful, appreciative*
arreglar	*to fix, fix up*
arreglar los papeles	*to get one's paperwork in order (e.g., for citizenship)*
el barrio	*neighborhood*
la basura	*garbage*
caer preso(a)	*(literally, "fall prisoner") to end up in jail*
conseguir (i)	*to get, obtain*
las costumbres	*manners; habits*
echar para adelante (p'alante)	*(colloquial) to go forward, keep going*
fijo(a)	*fixed, permanent (e.g., work)*
la gloria	*glory, heaven*
el inodoro	*toilet*
lavar	*to wash*
limpiar	*to clean*
limpio(a)	*clean*
la nieve	*snow*
el piso	*floor*
recuperar (recuperarse)	*to get back, regain (to get better, recuperate)*
salir adelante	*to go forward, progress*
el seguro	*insurance*
el sueño	*dream*
trabajador(a)	*hard-working*
el/la viudo(a)	*widower (widow)*

A. **Los inmigrantes a Nueva York.** Complete las oraciones con la forma apropiada de una expresión de la lista "Otras palabras".

1. Para mucha gente, irse para Nueva York es un _____.

2. Para poder viajar a Estados Unidos, hay que _____ una visa.

3. Después de llegar, hay que buscar una casa o un apartamento; desafortunadamente (*unfortunately*), muchos inmigrantes tienen que vivir en los _____ más pobres de la ciudad.

4. Después, hay que buscar trabajo _____.

5. Para muchas personas de países sureños, el frío y la _____ del invierno son muy desagradables.

6. Algunos inmigrantes aceptan cualquier trabajo, aun si tienen que _____ pisos o _____.

7. Es difícil para los inmigrantes enseñarles a sus hijos las _____ de sus países natales.

8. A veces sus hijos les compran crac a los narcotraficantes (*drug dealers*) y caen _____ en la cárcel (*jail*).

9. Si se compra un automóvil, hay que comprar _____ por si acaso hay un accidente.

10. Para salir _____ en este país, hay que perseverar a pesar de los problemas.

11. Afortunadamente, muchos inmigrantes son muy _____ y hacen un gran esfuerzo para "echar para adelante".

12. Para hacerse ciudadano (*become a citizen*), hay que _____.

13. Debemos ser _____ del trabajo que hacen los inmigrantes, porque muchas veces son trabajos que los ciudadanos no quieren hacer, como recoger la _____ de la calle o trabajar en el campo.

B. ¡Es lógico! Escoja la respuesta más lógica.

1. ¿Está casado Julio?

    a. No, está sin chavos.

    b. Sí, está en la gloria aquí, muy contento.

    c. No, es viudo.

2. ¿Qué pasa en este restaurante? ¿Por qué no nos sirven?

    a. Es que todo está demasiado limpio hoy.

    b. Es que el chef no ha llegado.

    c. Es que hay mucha gente trabajando aquí lavando platos.

3. Le presté cinco mil pesos a Ramón.

    a. ¿A ese irresponsable? Estás loco.

    b. No tenemos billetes, lo siento.

    c. Tranquilo, tranquilo. Algún día te pago.

4. Se encontró sin cuartos y tuvo que hipotecar la casa.

    a. Tenía mucha lana, ¿verdad?

    b. ¿Y ahora anda de turista?

    c. ¡Qué lástima! Ojalá la recupere algún día.

Segmento 1

Preparación

En una isla tropical. Al principio de la película, Balbuena está en República Dominicana en la Isla Española, una isla tropical. ¿Cuáles son las ventajas de vivir en una isla tropical?

_____

_____

_____

_____

¿Qué posibles desventajas hay?

_____

_____

Mire el primer segmento de la película y después vuelva a contestar estas dos preguntas.

Exploración

1. ¿Por qué va Balbuena al cementerio?

2. ¿A quién ve allí en un entierro (*funeral*)? ¿Dónde estaba viviendo el niño que se murió?

3. ¿Por qué llega Fellito a la casa de Balbuena? ¿Qué le sugiere? ¿Cómo se puede conseguir el dinero?

4. ¿Qué pasa en la casa del "cónsul"? ¿Qué consigue Balbuena allí?

5. ¿A quién llama Balbuena para darle las buenas noticias? ¿Cuál es la reacción de la esposa de esta persona?

6. ¿Qué lleva Balbuena en la maleta? ¿Tiene miedo de viajar en avión?

7. ¿Qué pasa cuando Felli y Balbuena llegan a la aduana (*customs*) en Nueva York?

8.	¿Con quién se encuentra Felli en el aeropuerto? ¿Cómo es ese amigo?

9.	¿Quién atropella a (*runs over*) Balbuena en el aeropuerto en un accidente automovilístico? ¿Dónde lo visita ella? ¿Tiene seguro ella?

Nota cultural

Haití y República Dominicana comparten (*share*) la Isla Española. Cristóbal Colón llegó a la isla en su primer viaje a las Américas en 1492, y ya en 1496 Santo Domingo era la capital de España en las Antillas (*Antilles*). La Universidad Autónoma de Santo Domingo, fundada en 1538, es la universidad más antigua de las Américas.

Segmento 2

En la primera escena de este segmento, Balbuena y su primo salen del hospital.

Preparación

Nueva York, la "gran manzana"

1.	¿Ha estado usted en la ciudad de Nueva York? Si es así, ¿qué piensa del estilo de vida allí? ¿del clima?

2.	¿Por qué cosas (edificios, monumentos, etc.) es famosa esa ciudad?

3.	¿Es la ciudad (o pueblo) donde usted vive similar a Nueva York? ¿En qué se parecen y en qué se diferencian?

Exploración

1.	¿Qué venden los muchachos afuera del edificio donde vive el primo de Balbuena?

2. ¿Cómo es el apartamento de Pedro y su familia? ¿Dónde va a dormir Balbuena?

3. ¿Están contentos los hijos de Pedro de tener a Balbuena en casa? ¿Se portan (*Do they behave*) bien con él?

4. ¿Adónde van Fellito y Balbuena?

5. ¿Por qué no consigue trabajo Balbuena?

6. ¿Qué le pasa a Balbuena fuera del edificio donde vive?

7. ¿Por qué llama Balbuena a Nancy? ¿Adónde lo invita ella?

8. ¿Qué hace Balbuena para Nancy mientras ella lava la ropa?

9. ¿Para dónde va a ir Nancy?

Nota cultural

La población hispana de Estados Unidos aumentó el 58 por ciento entre 1990 y 2000. De los 35 millones de hispanos que viven legalmente en este país, el 2.2 por ciento es de ascendencia dominicana. (El 58.5 por ciento es de ascendencia mexicana, como Pancho y el chef.) Dos dominicanos famosos son la escritora Julia Álvarez y el beisbolista Sammy Sosa.

Segmento 3

En la primera escena de este segmento, Balbuena está en el apartamento de Nancy.

Preparación

Trabajos. ¿Ha hecho usted alguna vez algún trabajo un poco (o muy) desagradable o aburrido? ¿Qué tipo de trabajo? Describa sus obligaciones. ¿Cuánto tiempo estuvo en ese trabajo?

Exploración

1. ¿Qué hace Balbuena cuando ve la nieve?
2. ¿Qué trata de enseñar a los niños acerca de las armas?
3. Cuando Balbuena consigue trabajo en la tienda del dominicano, ¿qué problema tiene?
4. ¿Por qué vuelve Balbuena al restaurante mexicano? ¿Le dan trabajo fijo allí?
5. Cuando Balbuena llega a la casa para darle a Pedro las buenas noticias, ¿qué le dice Pedro?
6. ¿Qué problema tiene Pedro? ¿Qué le pasa y por qué se enferma?
7. ¿Cómo se siente Xiomara después del incidente? ¿Le pide perdón a Balbuena?
8. ¿Qué le da Balbuena a Nancy antes de que ella regrese a su país?
9. ¿Para qué necesita dinero Balbuena?

Nota cultural

Balbuena, como muchos inmigrantes, tiene que trabajar muy duro para ganar dinero. Cada año los inmigrantes latinos que viven en Estados Unidos mandan unos 40 mil millones de dólares a sus familiares en Latinoamérica; para sus familiares, eso representa entre el 50 y el 80 por ciento de sus ingresos (*income*). Muchos de estos inmigrantes son jóvenes, como Balbuena, pero tienen familiares o amigos que dependen de ellos.

Segmento 4

En la primera escena de este segmento, Balbuena y Pedro llevan la maleta de Balbuena a la casa donde Balbuena va a vivir.

Preparación

Los personajes. Lea las descripciones y los nombres de los personajes. Trate de emparejar cada personaje con su descripción; si no sabe todas las respuestas, adivine (*guess*). Después de ver este segmento, vuelva a completar este ejercicio.

____ 1. un hombre muy inocente que va a   a. Pedro
        Nueva York
____ 2. una dominicana que se enamora   b. Flaco
        de Balbuena
____ 3. el primo de Balbuena   c. Fellito
____ 4. la esposa del primo de Balbuena   d. Balbuena
____ 5. la hija mayor de Pedro y Matilde   e. Matilde
____ 6. un narcotraficante (*drug dealer*)   f. Xiomara
        dominicano
____ 7. el dueño de un restaurante   g. Pancho
        mexicano
____ 8. el amigo que le consigue una visa   h. Nancy
        a Balbuena

Exploración

1. ¿Por qué no regresa el primo de Balbuena a Santo Domingo?

2. ¿Dónde consigue Balbuena un cuarto (*room*)? ¿Cómo es la señora de la casa? ¿De dónde es y qué problemas ha tenido?

3. ¿Qué problema tiene Pancho con el restaurante? ¿Cómo lo ayuda Balbuena?

4. ¿A quién ve Balbuena pidiendo dinero en el parque? ¿Quién lo quiere matar?

5. ¿Quién compra el restaurante?

6. ¿Por qué está enojado (*angry*) el Flaco con Fellito?

7. ¿Quién trata de robarle a Balbuena? ¿Por qué?

8. ¿Cómo termina la película?

Nota cultural

En la película, se ve que Balbuena tiene valores (*values*) religiosos. Visita el cementerio y cuida bien la tumba de Natalia. Cuando hace el viaje a Nueva York, se persigna (*he crosses himself*) antes de que el avión despegue (*takes off*). Le regala a Nancy una medallita de la Virgen de Altagracia, santa patrona de República Dominicana. Y al final, se casa por la iglesia.

Análisis y contraste cultural

Vocabulario

Mano a mano	
conocer como la palma de la mano	*to know like the back of one's hand*
dar/echar una mano a alguien	*to help someone out, give someone a hand (also, in Dom. Rep.,* meter la mano*)*
¡Manos a la obra!	*Let's get to work!*
mano(a)	*short for* hermano(a)*, used for a close friend*
meter mano	*to get going, get active*
(no) poner una mano encima	*to (not) lay a finger on*

Otras palabras

bendito(a)	*blessed, often used ironically instead of* maldito(a), *cursed, damned*
botar	*to throw out*
el cariño	*affection*
caer del cielo	*(literally, "to fall from heaven") to come out of the blue*
la cocina	*kitchen*
cocinar	*to cook*
el compadre (la comadre)	*close friend, often a godparent of one's child*
el cuarto	*room*
defraudar	*to cheat; to disappoint, let (someone) down*
enamorarse	*to fall in love*
la habitación	*room*
hacer caso	*to pay attention*
el letrero	*sign*
la migra	*(colloquial) U.S. immigration*
la nevera	*refrigerator*
preocuparse	*to worry*
el/la ratero(a)	*thief*
realizar	*to realize, make (something) come true*
respetar	*to respect, treat with respect*
robar	*to rob, steal*
el/la socio(a)	*partner; member*
tener la culpa	*to be at fault*

Expresiones regionales*

la bodega	(*in most places, storeroom or wine cellar*) *small grocery store*
chévere, cheverón (cheverona)	*great, fantastic, super*
mi pana	*my friend* (*from* panal, *honeycomb*)
relajar	*to joke around*
la vaina	(*literally,* "*husk*"; *slightly vulgar*) *thing, situation, mess*
viejo(a)	(*literally,* "*old one*") *term of affection used for a parent; in many places this term can refer to a spouse*

A. **En resumen.** Complete las oraciones con palabras de las listas.

bendita	del cielo	nevera
bota	enamora	realizar
culpa	hace caso	respeten
defraudar	letreros	

1. Según Fellito, hay tantos pesos rodando por las calles de Nueba Yol que la gente ni _____.

2. "Confía en (*Trust*) mí y nunca te voy a _____", le dice Balbuena a Natalia en el cementerio.

3. Al principio, Balbuena piensa que va a _____ sus sueños en Nueba Yol.

4. Pedro le da un plano (*map*) a Balbuena y todas las indicaciones para abrir la "_____" puerta.

5. Como Balbuena no puede leer los _____, se pierde y llama a Nancy para que lo ayude.

---

* These terms are not used exclusively in the Dominican Republic—some are heard elsewhere as well. All of them are colloquial.

6. En casa de Nancy, Balbuena saca un pollo de la _____ y todo lo que encuentra en el gabinete (*cabinet*), y prepara "pollo al gabinete".

7. Nancy _____ la foto de su compañero y la botella de vino a la basura.

8. Nancy se _____ de Balbuena y le cuenta a su amiga que Balbuena le cayó _____, como un ángel.

9. Cuando sus hijos se portan mal, Pedro dice que Matilde y él tienen la _____.

10. Pedro quiere que sus hijos lo _____.

cariño	compadre	preocupar
cocina	habitación	ratero
cocinar	migra	socio

11. Balbuena les da mucho _____ a los hijos de Pedro y Matilde.

12. Pancho le da trabajo a Balbuena aunque dice que hay muchos problemas con la _____.

13. Balbuena ofrece esconderse (*to hide*) en la _____ del restaurante y no salir hasta la noche si hay problemas con Inmigración.

14. El chef le enseña a Balbuena a _____.

15. Cuando Balbuena le presta dinero a Pancho para ayudarlo con el restaurante, Pancho sólo acepta a condición de que Balbuena sea su _____.

16. Pancho y Balbuena se dicen "_____" el uno al otro porque son muy buenos amigos.

17. Balbuena tiene una _____ en casa de una mujer cubana.

18. Flaco le dice a Balbuena que no se debe _____, que no le guarda rencor (*hold a grudge*) a Fellito; al contrario, quiere que se cure.

19. La cubana mata al _____ que trata de robarle el dinero a Balbuena.

B. **¡Manos a la obra!** Empareje cada frase a la izquierda con una frase a la derecha que la termine.

_____ 1. Fellito dice que conoce Nueba Yol…

_____ 2. Flaco le pregunta a Felli si cree que Balbuena…

_____ 3. Matilde lamenta que en Nueva York, cuando los jóvenes no se portan bien uno no puede

_____ 4. Antes de empezar a trabajar, se dice…

_____ 5. Fellito recuerda que cuando el Flaco llegó a Nueva York, él

_____ 6. Para pedir ayuda a un amigo se puede decir…

a. le dio una mano

b. como la palma de la mano

c. ¡Manos a la obra!

d. ponerles una mano encima

e. Oye, mano, ¿me ayudas?

f. mete mano en el negocio (de vender drogas)

C. **¿Y en República Dominicana?** Para cada palabra subrayada, dé una palabra que se podría oír en República Dominicana. (Consulte la sección "Expresiones regionales".)

> *Modelo:*
>
> No estoy <u>bromeando</u>. Hablo en serio.
>
> **No estoy relajando. Hablo en serio.**

1. Voy <u>al mercado</u> a comprar leche.

2. ¿Qué tal?, <u>mi</u> <u>amigo</u>, ¿cómo estás?

3. Mueve esa <u>cosa</u> de allí.

4. Mi <u>mamá</u> nunca me deja solo en casa.

5. Dicen que Sammy Sosa es un tipo <u>buenísimo</u>.

Temas de conversación o composición

Discuta con sus compañeros los temas que siguen.[*]

1. el personaje de Balbuena (¿Cómo es? ¿Es honesto? ¿trabajador? ¿simpático? ¿Trata de ayudar a la gente? Si es así, ¿de qué manera?)

2. la familia (¿Qué pasa cuando Matilde dice que no quiere que Balbuena se quede con ellos? ¿Qué le dice Pedro? Según Pedro, Balbuena tiene mucho que ofrecerles a sus hijos, pero parece que al principio los hijos no valoran lo que tiene que ofrecer. ¿Por qué? ¿Cómo cambian después?)

3. la educación de los niños (Según Pedro, ¿por qué no pueden él y Matilde pasar mucho tiempo con sus hijos? ¿Dónde pasan el día los adultos? ¿Los niños? ¿Qué le cuentan Pedro y Matilde a Balbuena sobre la disciplina de los niños en Estados Unidos? ¿Qué no puede creer Balbuena? ¿En qué tipo de barrio viven muchos inmigrantes? ¿Por qué tendrán miedo de perder el control de sus hijos?)

4. el problema de las drogas y de los narcotraficantes (¿Qué pasa enfrente del edificio de apartamentos de Pedro y Matilde? Según Pedro, uno de los misterios más grandes de Nueva York es que los policías ponen a los narcotraficantes en la cárcel pero "la justicia los suelta" (*the justice system lets them out*). ¿Qué problemas le causan los narcotraficantes a la gente del barrio? ¿Qué le pasa a Fellito? ¿Por qué lo quiere matar el Flaco? ¿Adónde lo lleva Balbuena para recuperarse?)

5. el problema del trabajo (¿Por qué no puede Balbuena conseguir trabajo cuando llega a Nueva York? ¿Qué cosas le faltan? ¿Qué le pasa cuando trabaja para el dominicano que tiene la "bodega"? ¿Por qué es irónico que esa persona le diga que lo está tratando de ayudar? ¿Por qué le da trabajo Pancho? ¿Cómo lo trata Pancho?)

6. la vivienda (¿Por qué dice Pedro que en Nueva York de noche "todas las salas se convierten en dormitorios (*bedrooms*)"?

---

[*] Your instructor may ask you to report back to the class or write a paragraph about one of the topics.

¿Por qué hay tantas cerraduras (*locks*) en las puertas? Cuando Matilde dice que viven "como sardinas en lata (*in a can*)", Pedro dice que era peor cuando vinieron, cuando su tío los ayudaba. ¿Qué imagen nos da de la gente recién llegada?)

7. los problemas en República Dominicana (¿Por qué dice Balbuena que en ese país "si se quiere un huevo hay que ponerlo"? ¿Qué problemas tiene allí? ¿Por qué Pedro y su familia no regresan a Santo Domingo?)

8. el dinero (Hay muchas palabras para hablar de dinero en la película. ¿En qué escenas se habla del dinero? ¿Qué personajes tienen mucho dinero? ¿Qué personajes no valoran el dinero?)

Una escena memorable

¿Adónde va a ir Nancy? ¿Por qué? ¿Qué le dice a Balbuena? ¿Qué le dice él a ella? ¿Qué decisión toman?

Hablan los personajes

Analice las siguientes citas, explique de quién son y póngalas en contexto. (Para una lista de los personajes, ver la sección "Preparación", Segmento 3.)

1. "Dando una [tarjeta de] residencia a ese muchacho le estaba dando una visa para el cementerio."

2. "Los billetes de a cinco y de a uno están volando por la calle y la gente no hace ni caso."

3. "Nosotros tenemos que ser agradecidos. La gente debe ser agradecida. Porque no es posible que una gente cambie simplemente porque se monte en un avión."

4. "Yo hago lo que sea, yo lavo platos, te limpio pisos, limpio inodoros...."

5. "Bueno, yo espero que no pierda ese buen humor porque aquí en Nueba Yol se pasan muy malos ratos (times)."

6. "El que inventó esto no ha visto un plátano ni de lejos."

7. "Sí, claro, pero primero tienes que conseguir trabajo."

8. "Es el problema de los muchachos aquí, que no saben bien el español y las cosas les salen directas, no como ellos sienten realmente."

9. "Tú no sabes lo que es cariño... En esta casa lo primero que tiene que haber es el amor."

10. "Nueba Yol es una gran ciudad llena de oportunidades. Si tú luchas (struggle) fuerte y trabajas, vas a lograr (attain, get) lo que quieres."

11. "No me hagas daño. Yo he decidido recuperarme. Dame un chance."

12. "Los sueños no se realizan cuando uno llega aquí; los sueños se realizan cuando uno regresa a la patria. Se puede llegar triunfante con dinero y sin dinero."

13. "Fellito tenía razón: llegar a Nueba Yol es como llegar a la gloria. Allí todo el mundo es rico; en Nueva Yol los cuartos están rodando por la calle, pero eso era el Nueba Yol de mi fantasía porque New York es otro."

Hablando de la cultura…

Cuando Balbuena por fin consigue trabajo, compra hamburguesas para la familia y entra alegremente en el cuarto de las muchachas, contento de poder darles algo. Pero hay una explosión emocional. Matilde dice que su hija tiene derecho a la "privacidad". Para Balbuena, ¿existe el concepto de "privacidad"? ¿Qué dice Pedro acerca de este concepto? ¿Qué contraste cultural muestra esta escena?

Hablan los críticos y los directores

"The movie, which was produced, written and directed by Angel Muñiz, is a crude but engaging combination of humorous star vehicle, social-realist commentary and light-hearted farce. For more than a decade, Balbuena has been one of the most popular characters on Dominican television…Unlike his Pollyannaish counterparts on American television who would be ridiculed as naive chumps, Balbuena is someone whose genuine friendliness and trust in others are huge assets."

—"Nueba Yol," *New York Times,* February 14, 1996.

¿Cómo sería un personaje como Balbuena en una película de Hollywood o en un programa de televisión en este país? ¿Sería un "chump"?

"Warm and funny, *Nueba Yol* is also honest and real, recalling the best cinema can be: full of life in all its joyfulness and sorrow. Like Renoir or Ozu, director Muñiz lets the camera quietly eavesdrop on people too genuine to be giving performances, a rarity these days when too much of world cinema looks to emulate the latest from a Hollywood grown out of touch."

—"Nueba Yol", http://www.recentmovie. com/h/n28.html

¿Qué piensa usted: parecen "genuinos" los personajes? ¿Por qué sí o por qué no?

"Todos llevamos un Balbuena por dentro (*inside*)."

—anuncio para el video.

¿Está usted de acuerdo? Explique.

"In its disarming way, drawing upon sitcom humor as well as soap opera melodrama, *Nueba Yol* is a potent work of popular entertainment. Yet it can move swiftly from the sentimental to the very real pain Pedro expresses when he explodes at the lack of respect on the part of his eldest daughter. Pedro realizes all too well that all the struggling he and his wife have done to give their children a better life has exacted its toll in precious time needed to be as good a parent as he would like to be. Muñiz ends with an epilogue that surely intends for us to decide whether it is fantasy or reality. Intentionally or not, it's an effectively ironic way to bring to a close a bittersweet Candide-like fable."

—Kevin Thomas, *New York Times*, October 18, 1996.

¿Qué piensa usted del final de la película?

Más allá de la película:
Nueba Yol/Nueva York

Preparación

Skills: Recognizing cognates, understanding adjectives of nationality, understanding key words.

A. **¿Qué tienen en común?** ¿Qué tienen en común las siguientes palabras de la lectura? ¿Qué quieren decir?

1. la tradición
2. la atención
3. la televisión
4. la observación
5. la comunicación
6. la fusión
7. la situación
8. la religión
9. la renovación
10. la estación

B. **Cognados.** Las palabras del ejercicio A son cognados; son palabras muy semejantes en inglés y español. ¿Qué tienen en común las siguientes palabras de la lectura? ¿Qué quieren decir? ¿Cuál no es cognado?

1. ciudad   4. universidad
2. comunidad   5. sociedad
3. variedad   6. edad

C. **¿Cómo se llama el país?** Siga el modelo. (Todas estas palabras de nacionalidad están en la lectura.)

> *Modelo:*
>
> dominicano
>
> **República Dominicana**

1. mexicano   6. español
2. puertorriqueño   7. argentino
3. colombiano   8. guatemalteco
4. hondureño   9. ecuatoriano
5. cubano

D. **Palabras claves.** Lea la lectura y conteste estas preguntas.

1. ¿Qué quiere decir "nuyorriqueño"?
2. ¿Qué es el "spanglish"?

Nueba Yol/Nueva York

rents

En la película *Nueba Yol*, Balbuena es de República Dominicana, Pancho es de México y la dueña de la casa donde Balbuena alquila° un cuarto es cubana. Son tres personas "hispanas" que viven en la ciudad de Nueva York. De los 8 millones de residentes de esa ciudad, más de 2 millones son de origen español o latinoamericano (el 27 por ciento de la población total de la ciudad). Hay tantos puertorriqueños (unos 800.000) que se inventó la palabra "nuyorriqueños" para referirse a ellos; son ciudadanos de Estados Unidos y no necesitan visa para entrar en el país. Como se ve en la película, muchos dominicanos viven en Nueva York (unos 400.000), especialmente en Washington Heights. En Queens hay una gran comunidad colombiana. Hay más ecuatorianos que en cualquier ciudad del mundo salvo° Quito o Guayaquil. Unos 200.000 mexicanos viven en "la gran manzana"; muchos son de la ciudad de Puebla, los "pobloquinos". (Muchos de los "pobloquinos" trabajan en restaurantes, como Pancho; en Nueva York se venden más tortillas que pizza o bagels y se dice que allí se come el mejor mole poblano° fuera de Puebla.)

    Se usa la palabra "hispana" o "latina" para describir a todas estas personas, pero tienen culturas y tradiciones distintas. Son ricos y pobres, blancos y negros; algunos son de familias que están aquí desde hace siglos y otros cruzaron la frontera ayer sin pasaporte y viven sin documentos legales. Vinieron por una gran variedad de motivos: algunos por razones económicas, otros por razones políticas, otros para asistir a la universidad o para poner un negocio. Algunos tienen antepasados° que ya vivían en San Agustín, Florida en 1539; otros son de comunidades que existían en el suroeste cuando era territorio mexicano, antes de 1848 (cuando ese territorio pasó a manos de Estados Unidos con el Tratado° de Guadalupe).

    Un artículo del *Miami Herald* de hace muchos años hizo las siguientes preguntas y observaciones sobre los "hispanos":

> "Aquí en estos lugares se entiende mejor
> *greencard* que tarjeta de residencia... Para

except

mole... dish with chocolate and chilis

ancestors

Treaty

quienes usan los beneficios del *welfare*, el *Medicaid* o el *unemployment* es mucho más sencillo referirse a una palabra que a una larga y virtualmente incomprensible explicación. *Hacer lobby* es tan usado como cabildear°. *Surfear* es más fácil que correr tabla… ¿Qué es lo correcto, o lo políticamente correcto: moreno, negro, persona de color, afroamericano o afronorteamericano? ¿Homosexual o gay? ¿Qué medida° utilizar: metros, yardas o pies? ¿Kilos o libras° ? ¿Qué somos: latinos, hispanos, chicanos, mexico-americanos, cubano-americanos, guatemalteco-americanos? … Seguramente usted no ha conocido a nadie que se presente y diga: 'Hola, me llamo Enrique y soy hispano'? Usted seguramente conoce a un Luis puertorriqueño y Juana la hondureña, a Francisco el colombiano y a Diana la argentina, pero nunca a Pedro o Juan el hispano… El concepto de *Hispanic* o *Latino* sirve al menos para unir° cuando no hay muchos puntos en común en una cultura tan diversa."[1]

Tienen culturas y costumbres distintas, pero los "hispanos" de Nueva York tienen algo en común: todos se adaptan como pueden y, como observa el autor del artículo del *Miami Herald*, todos utilizan un nuevo vocabulario. El título de la película *Nueba Yol* ilustra el concepto; se oyen otras palabras de origen inglés a lo largo de la película: e.g., "la migra", "el crac", el "shock" psicológico. Jorge Ramos, un periodista que nació en México y trabaja en Estados Unidos, dice: "En Estados Unidos el inglés está invadiendo al español y el español está invadiendo al

to lobby

measurement
pounds

unite

---

1   "El idioma que hablamos" (*Miami Herald*, 3 abril
     1988), p. 12.

inglés. A veces ninguno de los dos idiomas domina y el resultado—lo que sale de nuestras bocas—es la fusión del espanglish."[2]

Ilan Stavans, profesor de Amherst College y autor de varios libros sobre los hispanos de Estados Unidos, incluso *Spanglish: The Making of a New American Language,* hace la siguiente observación:

> "¿Qué simboliza la situación de los latinos de todos los orígenes?: Una rosa con muchos pétalos. Los latinos son una compleja° minoría *complex* no fácil de categorizar. Son multirraciales, transnacionales, plurilingües°, tienen puntos *speaking more* *than one* *language* de vista distintos con respecto a la política, están afiliados a todo un cúmulo° de religiones *mass* institucionalizadas, etc. De hecho° el spanglish *De… In fact* sirve de puente para unirlos a todos… Estados Unidos es una sociedad abierta en la que los inmigrantes juegan un papel crucial. Este papel incluye una constante renovación de la lengua nacional. El spanglish ha sido una fuerza importante en aquella renovación desde hace mucho, pero sólo ahora recibe la atención que merece… Hay programas de TV que emplean spanglish, anuncios publicitarios, estaciones radiales°, revistas femeninas… Las *radio* corporaciones no ignoran su valor comercial. Hallmark Cards, por ejemplo, lanzó hace poco una línea de tarjetas en spanglish destinada a un público consumidor° de entre 10 y 30 años *consumer* de edad."[3]

---

2   Jorge Ramos, *La ola latina* (New York: HarperCollins Publishers, 2004), p. 197.

3   http://www.barcelonareview.com/40/s_is_ent.htm *The Barcelona Review: Revista internacional de narrativa breve contemporánea,* Entrevista: Ilan Stavans, enero-febrero No. 40.

Agencia de viajes "Balbuena", Washington Heights, Nueva York

environment

reject it

contribute /
growth

Otra vez, Jorge Ramos: "El español que se habla
en los Estados Unidos es un idioma vivo, cambiante,
dinámico, sujeto a las influencias del medio° y es una
batalla perdida el tratar de resistirse o rechazarlo°.
Los latinos de Estados Unidos, en estos días, pueden
aportar° más al crecimiento° del idioma español que
la mayoría de los grupos de habla hispana."[4]

Y es cierto, como se ve en *Nueba Yol*, que este
nuevo idioma va más allá de Estados Unidos. Los
hispanos como Balbuena o Pancho en la película
lo llevan con ellos; además, se usa en los medios de
comunicación. Si quiere más ejemplos, sólo tiene
que prender la radio o el televisor o, si vive en un
lugar donde hay comunidades hispanas, ¡salir a la
calle a pasear!

---

4   Jorge Ramos, *La ola latina* (New York: HarperCollins
     Publishers, 2004), p. 199.

Exploración

Skills: Getting main ideas, understanding details, exploring Spanish words used in English and English words used in Spanish.

A. **Preguntas**

1. ¿Cuántos hispanos hay en Nueva York?

2. ¿Cuántos "nuyorriqueños" hay?

3. ¿De qué ciudad vienen muchos de los mexicanos que viven en Nueva York?

4. Según el artículo del *Miami Herald*, ¿para qué sirve el concepto de *Hispanic* o *Latino*?

5. ¿Quién es Ilan Stavans? ¿Con qué compara a los latinos? ¿Por qué?

6. ¿En qué se diferencian los latinos? ¿Qué los une?

7. ¿Qué dice Jorge Ramos del español que se habla en Estados Unidos?

B. **Juego de palabras**. Trabajen en grupos de tres o cuatro personas. Cada grupo hace una lista de palabras españolas que se usan en inglés (por ejemplo, **patio, rodeo, taco**). Su profesor(a) le dará unos diez minutos para hacer las listas. El grupo con la lista más larga gana.*

C. **¡Traducción, por favor!** Trabajen en grupos. Miren la siguiente lista de palabras que se escuchan en España y Latinoamérica. Todas tienen raíces (*roots*) inglesas. ¿Qué quieren decir?

1. mitin: Tengo un mitin a las cuatro.

2. klinex: Dame un klinex, por favor. ¡Atchú!

3. rosbif: Vamos a almorzar rosbif con papas fritas.

4. márquetin: Mi padre trabaja para IBM en márquetin.

5. beicon: A los ingleses les gusta desayunar huevos con beicon.

6. suéter: ¿Dónde está mi suéter? Hace un poco frío, ¿no?

---

*   The instructor's manual includes a list of Spanish words used in English.

7. comics: Siempre leo los comics los domingos.

8. coctel: Mis padres van a un coctel el sábado por la tarde.

9. tenis: Me puse los tenis para salir a correr.

10. hacer un forward: Te voy a hacer un forward del e-mail que recibí de Juana.

Y ahora, para los expertos:

11. vips: Vinieron muchos vips a la fiesta.

12. rocanrol: A mi hermano le gusta el rocanrol y el jazz.

13. faxear: Voy a faxear una carta a mi amiga en Madrid.

14. tupergüer: Metí la comida en un tupergüer y la llevé al colegio.

15. Bibaporrú: Abuela se puso Bibaporrú y dijo que se sentía mejor.

16. compacs: Tengo varios compacs de Enrique Iglesias.

17. hacer zapping: No me gusta ver televisión con mi novio porque hace zapping.

18. hacerse un lifting: Mi mamá se hizo un lifting y se ve más joven.

Calcule sus puntos: ¿es usted experto(a) en spanglish?

Respuestas: 1. meeting 2. kleenex 3. roast beef 4. marketing 5. bacon 6. sweater 7. comics 8. cocktail party 9. tennis shoes 10. to forward 11. V.I.P.s (Very Important Persons) 12. rock and roll 13. to fax 14. Tupperware 15. Vicks VapoRub™ 16. compact discs 17. to channel surf 18. to have a face lift

Puntos:
1-6 Usted tiene mucho que aprender.
7-12. Ya sabe bastante.
13-18 ¡Experto(-a)! Ya entiende muy bien el spanglish.

CAPÍTULO 8

El viaje de Carol

Presentación de la película

Carol, una chica de doce años que nació en Nueva York de padre norteamericano y madre española, viaja a España con su madre en 1938. El país está en plena guerra civil (*all-out civil war*). Su padre es piloto en las brigadas internacionales, las fuerzas internacionales que luchan (*are fighting*) contra el general Francisco Franco. Carol llega a la casa de su abuelo, don Amalio.

- *El viaje de Carol* (2002), película ganadora del Festival Internacional de Berlin en 2003, se basó en la novela *A boca de noche*, de Ángel García Rodán. El autor de la novela también escribió el guión original. La película fue filmada en Cantabria, Galicia y Portugal.

- El director, Imanol Uribe, nació en El Salvador de padres españoles. También dirigió *La carta esférica* (2007), *Días contados* (1994) y *La luna negra* (1989).

- María Barranco interpreta a Aurora, la madre de Carol. Es una de las actrices favoritas de Pedro Almodóvar y ha actuado en sus películas *Mujeres al borde de un ataque de nervios* y *Átame*. También actuó en *La mula* (2008), *El efecto mariposa* (1995) y *El rey pasmado* (1991). Tiene una hija con Uribe: Andrea, nacida en 1993. Rosa María Sardà interpreta el papel de Maruja; también actuó en *Rivales* (2008), *Te doy mis ojos* (2003), *Sin vergüenza* (2001) y *Todo sobre mi madre* (1999). Álvaro de Luna (don Amalio) trabajó en *El prado de las estrellas* (2007), *Maestros* (2000) y *Dulces horas* (1982).

- Juan José Ballesta hace el papel de Tomiche; hizo su debut en *El bola* (2000) y actuó en *Ladrones* (2007) y *La casa de mi padre* (2008). Clara Lago fue seleccionada entre 200 aspirantes al papel de Carol. Trabajó en *El juego del ahorcado* en 2008.

Vocabulario preliminar

Note: In Spain, the plural **tú** form is **vosotros(as)**. The **vosotros** command form ends in -**ad**, -**ed**, or -**id** in the affirmative and in -**áis** or -**éis** in the negative.

Cognados	
acompañar	escapar
decidir	la libertad
el/la piloto (comercial)	

Los conflictos	
franquista	*supporter of Francisco Franco*
la guerra	*war*
hacer las paces	*to make peace, "bury the hatchet"*
matar	*to kill*
morir (ue)	*to die*

pelear	*to fight*
sufrir	*to suffer*
terminar	*to end*

Verbos

caer	*to fall*
cazar	*to hunt*
contar (ue)	*to tell, recount*
dar permiso	*to give permission*
dejar; dejar de + infinitivo	*to allow or leave; to leave off or stop + infinitive*
esconderse	*to hide*
llevar de paseo	*to take for an outing, walk, or ride*
prometer	*to promise*
recordar (ue)	*to remember*
tener cuidado	*to be careful*

Otras palabras

el balneario	*resort, spa*
el/la bicho raro	*oddball, weirdo*
el/la cabezota	*stubborn person*
el gorro	*cap*
el/la guardia (civil)	*police officer*
la mariposa	*butterfly*
el pájaro	*bird*
el recuerdo	*memory; souvenir*

A. Un viaje a Brasil.

A. **Un viaje a Brasil.** Complete el párrafo con palabras apropiadas de la siguiente lista. Use todas las palabras.

balneario	paces	permiso
bicho	pájaros	piloto
caza	paseo	prometieron
dejó	pelear	recuerdos
mariposas		

En junio fui a Brasil con mis tíos. Al principio, mis padres

no me querían dar su (1) _____ para hacer el viaje

porque dijeron que sería muy caro. Pero mis tíos les (2) _____

que no costaría mucho: mi tío es (3) _____ comercial y

me consiguió un pasaje gratis. Así que pude ir. Fuimos a Bahía

y nos quedamos en un (4) _____ allí. Un amigo de mi

tío vive en Bahía y nos llevó de (5) _____ a una reserva

muy bonita. Allí vimos muchos (6) _____ exóticos.

Desafortunadamente (*Unfortunately*), hay gente que los

(7) _____ para vender; es un gran problema en esa

parte de Brasil. También vimos (8) _____ de todos los

colores. Fue un viaje maravilloso. El único problema fue que

mi primo Juan es muy excéntrico, un (9) _____ raro;

es muy cabezota. No (10) _____ de molestar (*annoy*)

a sus padres y a mí. Tuve varios problemas con él, pero

al final él y yo dejamos de (11) _____ e hicimos

las (12) _____. Ahora sólo tengo buenos (13) _____

del viaje.

B. **¿Qué le dice?** ¿Qué le dice a un amigo que…? Empareje las frases de manera lógica.

> **Modelo:**
>
> Tiene un secreto pero no te lo quiere contar. "Por favor,…"
>
> **e. cuéntamelo**

_____ 1. Nunca puede tomar una decisión. "Por favor,…"

_____ 2. No escucha a nadie. "Por favor,…"

_____ 3. Va a hacer paracaidismo (*skydiving*). "Por favor,…"

_____ 4. No quiere ir contigo a una reunión importante. "Por favor,…"

_____ 5. Te prometió ayudar con la computadora. "Por favor,…"

a. acompáñame
b. decídete
c. no seas tan cabezota
d. recuerda tu promesa
e. cuéntamelo
f. ten cuidado

C. **En la Guerra Civil Española.** Complete el párrafo con palabras apropiadas de la siguiente lista. Use todas las palabras.

cayó   gorro   mataron
escapar   guardias   murió
escondió   guerra   sufrió
franquistas   libertad   terminó

Según mi padre, mi abuelo (1) _____ en 1938, durante la (2) _____ civil. Durante varios meses fue prisionero de los (3) _____ (los seguidores de Franco) y (4) _____ mucho. De alguna manera pudo (5)_____ y llegó a nuestro pueblo en Castilla. Se (6)_____ en casa de su hermano. Pero no duró mucho su (7)_____. Después de una semana, los (8) _____ civiles lo encontraron y lo (9) _____. La guerra (10) _____ poco después, cuando Madrid finalmente (11) _____.

Mi padre me dio algunas cosas de mi abuelo, como el (12) _____ que usaba. También tengo el diario de mi abuela, con descripciones de la vida de aquella época.

Segmento 1

Preparación

Saludos y presentaciones. Al principio de la película, Carol y su madre llegan a la estación de trenes de un pueblo español. Allí don Amalio las recibe. Note que en España al saludar se dan dos besos (*kisses*), mientras que en Latinoamérica en general se da sólo uno. Más tarde, la madre de Carol le presenta a una amiga suya. ¿Cuáles son algunas frases para presentar a alguien?

_____

_____

_____

¿Qué posibles respuestas hay?

_____

_____

_____

Mire el primer segmento de la película y note cómo la gente se saluda y se presenta.

Exploración

1. ¿Por qué se enoja (*get angry*) Carol con Tomiche?
2. ¿Quién es Aurora Quesada de Montalvo (1873-1937)?
3. ¿Por qué pelearon la madre y la abuela de Carol?
4. ¿Qué le da el abuelo a Aurora?
5. ¿Quién es Robert?
6. ¿Por qué no vive en la casa el abuelo? ¿Dónde vive él?
7. ¿Quién es Maruja?
8. ¿Por qué dice Blanca que ella y Carol podrían ser hermanas?

Nota cultural

La República española se declaró en 1931. Ya no había monarquía. La clase media y los "librepensadores" (*freethinkers*) habían triunfado. Pero todo eso cambió en 1936, cuando el general Francisco Franco inició una guerra después de un período de violencia y anarquía. En la Guerra Civil Española, los republicanos defendían la República contra los nacionales o franquistas. Don Amalio y su familia están en una región de España controlada por las fuerzas de Franco.

Segmento 2

En la primera escena de este segmento, Aurora va a la casa de Maruja.

Preparación

Cambios (*Changes*). El director de la película, Imanol Uribe, nació en El Salvador y vivió allí hasta la edad de siete años, cuando sus padres decidieron mandarle a una escuela católica en España. Dice que fue un cambio muy difícil para él: "En ese primer año me encontré solo, muy solo. Y mi refugio, mi escapada, estaba en el cine, aunque yo fuera tan pequeño. Siempre que podía me iba al cine... Realmente mi afición, o mejor mi vocación por el cine, tiene que ver con aquel sentimiento de soledad." Dice que los niños españoles se burlaron (*made fun*) de él por su acento salvadoreño y que la escuela católica era muy estricta: "La educación religiosa era terrible. Los ejercicios espirituales, ejercicios de terror. ... Fue una época en la que viví obsesionado con el pecado (*sin*)."*

*Javier Aguirresarobe, *Luces y sombras en el cine de Imanol Uribe* (Valladolid: Semana internacional de cine de Valladolid, 2004), pp. 19-20.

1. ¿Ha tenido usted una experiencia importante, algo que le cambió su vida? Por ejemplo, ¿cambió de escuela? ¿de residencia?

2. ¿Qué problemas le causó este cambio?

3. ¿Cómo le afectó después? ¿Pudo adaptarse a la nueva situación? ¿Hubo ventajas (*advantages*)?

Exploración

1. ¿Por qué va Aurora a la casa de Maruja? ¿Qué noticia le da?

2. ¿Quién le da una bicicleta a Carol?

3. Cagurrio dice "Lo que se da no se quita (*Finders, keepers*), bicho raro." ¿De qué objeto habla? ¿Quién lo tiene?

4. Cuando Carol baja la escalera, ve a Aurora y a don Amalio con un portugués. ¿Qué le da el portugués a Aurora?

5. ¿Qué le enseña Carol a Chana?

6. Después de la muerte de Aurora, ¿adónde lleva el abuelo a vivir a Carol?

7. ¿Qué le pide Carol a su abuelo?

8. ¿Quién quiere hacer las paces con Carol?

9. Tomiche le da un pájaro a Carol. ¿Cuál es la reacción de él cuando ella lo deja escapar, o sea, lo pone en libertad?

10. Cuando el tío de Tomiche, el guardia, ve a Tomiche con un pájaro muerto y lo acusa de robo, ¿qué le dice Carol?

11. ¿Por qué se enoja Dolores con Carol y Blanca?

12. ¿Por qué va Carol al pueblo a buscar a su abuelo? ¿Qué quiere que él haga?

Segmento 3

En la primera escena de este segmento, Carol y Chana regresan a casa después de hacer las compras.

Preparación

Los personajes. Lea las descripciones y los nombres de los personajes. Trate de emparejar cada personaje con su descripción; si no sabe todas las respuestas, adivine (*guess*). Después de ver este segmento, vuelva a completar este ejercicio.

_____ 1. la madre de Carol	a. don Amalio
_____ 2. la sirvienta de la casa donde Carol vive	b. Adrián
	c. Dolores
_____ 3. un padre o cura católico	d. Blanca
_____ 4. el abuelo de Carol	e. Aurora
_____ 5. la tía de Carol	f. Tomiche
_____ 6. una maestra	g. Cagurrio
_____ 7. el padre de Carol	h. Culovaso
_____ 8. el tío de Carol	i. Chana
_____ 9. un chico que ayuda en la iglesia y que lleva lentes (*eyeglasses*) gruesos, como el fondo (*bottom*) de un vaso	j. Maruja
	k. Robert
	l. Alfonso
_____ 10. un chico un poco gordo	m. don Julio
_____ 11. un señor franquista que dice que Adrián será importante en el gobierno de Franco	
_____ 12. un chico sin padre	

Nota cultural

Cuando Tomiche llega a la casa de Maruja, ella lo ayuda a hacer sus tareas (a cambio de un pastel [*pie*] de manzana). Tomiche escribe: "La libertad es el don (*gift*) más preciado (*precious*) que tienen los 'ombres' y las mujeres." Maruja le responde: "Está bastante bien. Hombres con *h*. Ahora me vas a escribir veinte veces la palabra *hombres* para que recuerdes." (La *h* es la única letra que es muda [*silent*] en español.) La libertad versus la autoridad (*authority*) es una idea central de la película. En general, los que defendían la República estaban a favor de más libertad individual y los nacionales querían más autoridad federal.

Exploración

1. ¿Qué quiere hacer don Amalio cuando ve lo que se escribió en la pared de su casa: "Yanqui... al paredón (*to the firing squad*)"?

2. ¿Qué le dice Robert a Aurora en su carta?

3. ¿Qué quiere Carol que Maruja haga?

4. Tomiche invita a Carol a ir con él a cazar jilgueros (*goldfinches*), pero le dice que no los va a matar. ¿Qué va a hacer Tomiche con ellos?

5. ¿A quién ven Carol y Tomiche en la calle de noche? ¿Qué quiere decir "llevar a alguien de paseo", según Tomiche? ¿A quién "llevaron de paseo"?

6. Según Dolores, ¿por qué tiene Carol que dejar de ser protestante y hacer la primera comunión?

7. ¿Cómo reaccionan los adultos cuando Carol dice que quiere salir vestida de marinero (*sailor*) para hacer la primera comunión?

8. ¿Qué profesión tiene Robert (cuando no está en las brigadas internacionales)?

9. ¿Quiénes llegan tarde a la fiesta de cumpleaños de Carol? ¿Quién le da un avioncito de juguete (*toy plane*)? ¿Qué piensan los guardias cuando lo ven caer del avión?

Nota cultural

Después de la muerte de Aurora, los adultos de la familia de Carol llevan ropa negra o una banda negra en el brazo. La tía Dolores está vestida de negro de pies a cabeza. Note también que Dolores está muy preocupada por Carol: la lleva a la iglesia, insiste en que haga la primera comunión y al final le da un rosario que "está bendecido por Su Santidad (*blessed by His Holiness*)". Tiene miedo de que Carol se rebele contra la autoridad de la iglesia. Hay varias expresiones en la película que muestran la influencia de la religión católica; por ejemplo, cuando el tío de Tomiche tiene que permitir que se vaya le dice, "Se te apareció la Virgen" o sea, tuvo suerte y la Virgen María lo ayudó.

Segmento 4

En la primera escena de este segmento, Carol está en la iglesia, lista para hacer la primera comunión.

Preparación

Asociaciones. ¿Con qué personaje de la película se asocia cada una de las siguientes cosas? (Hay más de una respuesta posible.)

> *Modelo:*
>
> una bicicleta
>
> **Carol, Tomiche, Culovaso, Cagurrio**

1. un balneario
2. un tirachinas (*slingshot*)
3. un gorro
4. un diario
5. unos pantalones
6. unos gusanos de seda (*silkworms*)
7. un vestido negro
8. un avión
9. un mapa de España
10. una llave (*key*) secreta

Exploración

1. ¿Qué pasa antes de que termine la ceremonia de la primera comunión?
2. ¿Qué quema (*burns*) el abuelo cuando llega a casa?
3. ¿Por qué no acepta el portugués la carta de Carol para su padre?
4. ¿Quién quiere "arreglar cuentas" (*settle accounts*) otra vez con Tomiche? ¿Quién dice "No está bien lo que haces con el chaval (*kid*)"?
5. ¿Quién escapa de los militares en la estación? ¿Adónde va él?
6. ¿Por qué quiere Carol llevar a Tomiche a su casa?
7. ¿Quiénes quieren registrar (*search*) la casa de don Amalio? ¿Les da su permiso él?
8. ¿Quién le salva (*saves*) la vida a Robert?
9. Al final de la película, ¿adónde va Carol? ¿Qué le dice don Amalio de su padre? ¿Qué le promete?

Nota cultural

Durante la Guerra Civil Española, se formaron brigadas internacionales para defender la República contra Francisco Franco y sus fuerzas nacionales. Más de 35.000 personas de 52 países participaron en este esfuerzo (*effort*), entre ellos 2.800 norteamericanos, como el padre de Carol. La "Brigada Abraham Lincoln" luchó valientemente entre 1937 y 1938; 750 hombres perdieron la vida y pocos escaparon sin heridas (*injuries*). Hitler y Mussolini apoyaron a Franco con tropas, tanques y fuerzas aéreas y en marzo de 1939 Madrid cayó.

Análisis y contraste cultural

Vocabulario

Cognados	
la comunión	la invitación
la decisión	invitar
la estación	responsable

Verbos	
acercarse	*to approach, go or come near*
asustar	*to frighten*
explicar	*to explain*
fumar	*to smoke*
jurar	*to swear (e.g., an oath), promise*
parecer (zc)	*to appear, seem, look like*
preocuparse	*to be worried*
regalar	*to give as a gift*
salir(le) a (alguien)	*to turn out like (someone)*

Otras palabras	
el beso	*kiss*
el/la cobarde	*coward*
el cuarto	*room*
la explicación	*explanation*
guapo(a)	*handsome, beautiful, good-looking*
la promesa	*promise*
el regalo	*gift, present*

el río	*river*
¡Arriba…!	*Hooray for…!*
¡Viva…!	*Long live…! Hooray for…!*

Expresiones regionales*

el chaval	*guy, boy*
tener en el bote	*to have at one's beck and call (in most places,* tener en el bolsillo *to have in one's pocket)*
el/la tío (tía)	*(colloquial) guy (gal)*
Vale. ¿Vale?	*Okay. Okay?*
Venga.	*Come on.*

*These terms are not used exclusively in Spain—some are heard elsewhere as well.

A. **Pares de palabras.** Complete la oración con el sustantivo que corresponde a la palabra subrayada.

1. Blanca dice que si Carol la <u>invita</u> a Nueva York aceptará la _____.

2. El abuelo no puede <u>decidir</u>. No toma ninguna _____.

3. Don Amalio le <u>regala</u> una bicicleta a Carol. A ella le gusta mucho el _____.

4. No le <u>explican</u> nada a Dolores. Dolores pide una _____.

5. Tomiche <u>besa</u> a Carol. Es su primer _____.

6. Carol <u>promete</u> obedecer a sus tíos. Le hace una _____ a su abuelo.

B. **En resumen.** Escoja la palabra apropiada para completar la frase.

1. Sin querer, Chana _____ (asusta/jura) a Carol.

2. Dolores dice que Carol le ha _____ (salido/acercado) a su madre.

3. Carol dice que prefiere _____ (parecerle/preocuparse) a ella y no a Dolores.

4. Aurora no sabe que Maruja _____ (caza/fuma).

5. Alfonso quiere que la gente en la plaza diga, "¡ _____ (Viva/Abajo) Franco!" y "¡ _____ (Arriba/Cuidado) España!"

6. Tomiche le dice a Carol, "Estás muy _____ (responsable/ guapa)."

7. Cuando Carol le dice a don Amalio "Quiero que me _____ (juras/jures)", don Amalio la corrige: "que me _____ (juras/jures)" porque hay que usar el subjuntivo.

8. Carol no quiere que don Amalio sea _____ (cobarde/ valiente).

9. Dolores manda a las chicas a su _____ (río/cuarto).

10. Carol no hace la primera _____ (comunión/estación) porque Alfonso llega a la iglesia y dice "Madrid ha caído".

C. **¿Y en España?** Para cada palabra subrayada, dé una palabra que se podría oír en España. (Consulte la sección "Expresiones regionales".)

> *Modelo:*
>
> La tienes <u>a tu disposición</u>, ¿no?
>
> **La tienes en el bote, ¿no?**

1. ¿Qué hago con esta <u>chica</u>?

2. Deja al <u>chico</u> en paz. (Hay dos respuestas posibles.)

3. Vamos al centro, ¿<u>de acuerdo</u>?

4. <u>Vamos</u>, ¿qué estás esperando?

Temas de conversación o composición

Discuta con sus compañeros los temas que siguen.*

1. el personaje de Carol (¿Cómo es Carol? ¿Qué quiere decir su abuelo cuando dice que es una "personita"? ¿Por qué no quiere seguir las reglas de la sociedad española de la época? ¿Por qué se rebela contra sus tíos? ¿Por qué dice su tía que ella le salió a su madre, Aurora? ¿Cómo reacciona Carol? ¿En qué se diferencia Carol de sus primos? ¿Qué experiencias ha tenido en Nueva York que ellos no han tenido?)

2. el personaje de Tomiche (¿Qué le pasó al padre de Tomiche? ¿Cómo ayuda a su madre, Justa? ¿Qué clase de trabajos hace? ¿Qué problema tiene con su tío, el guardia civil? ¿Es un chico valiente, en general?)

3. la relación entre Carol y su padre (¿Por qué está en España el padre de Carol? ¿Qué hace el día de su cumpleaños? ¿Es peligroso hacer eso?)

4. el papel de la religión (¿Quién es don Julio? ¿Qué quiere que Carol haga? ¿Qué dice su abuelo? ¿Qué condición pone ella? ¿Quién le da un rosario a Carol para que lo lleve a Nueva York de recuerdo?)

5. la familia de don Amalio (¿Quién de la familia está del lado de los franquistas? ¿Quién favorece a los republicanos? ¿Quién es religioso[a]? ¿Quién es librepensador[a] (*freethinker*)?)

6. el viaje de Carol (¿Se trata solamente de un viaje físico de un país a otro? ¿O es un viaje emocional y sentimental, de la niñez a la adolescencia? ¿Por qué la compara Maruja con una mariposa?)

---

* Your instructor may ask you to report back to the class or write a paragraph about one of the topics.

Una escena memorable

¿Quién cumple años en esta escena? ¿Quiénes llegan a la fiesta? ¿Qué regalo especial recibe Carol? ¿De quién es?

Hablan los personajes

Analice las siguientes citas, explique de quién son y póngalas en contexto. (Para una lista de los personajes, ver la sección "Preparación", Segmento 3.)

1. "A mí esta guerra me importa un pimiento (*I couldn't care less about…*)."

2. "Podríamos ser hermanas. Mi padre y tu madre fueron novios."

3. "Estos gusanos (*worms*) comen hojas de morera y fabrican capullos de seda (*eat mulberry leaves and make silk cocoons*). Maravilloso, ¿verdad? Sabes, bien visto, tú también estás dentro de un capullo."

4. "No te imaginas el daño (*harm*) que me haces. Vete con tu prima. Castigadas las dos sin comer. Y quítate los pantalones que pareces una miliciera (*militia woman*)."

5. "Eres más cabezota que tu madre."

6. "¿Quieres que pase todos los días delante de eso, como si no sintiera nada? Sería de cobardes."

7. "No es un engaño (*deceit*); no quiero que sufra más. Está muy solo. A mi madre seguro que le parecería bien."

8. "Ésos sí van a cazar, pero pájaros más gordos."

9. "Es por el bien de su alma (*soul*) y hasta por su felicidad. Si no, corremos el riesgo (*risk*) de convertirla en un bicho raro."

10. "Alfonso, lleva bandera blanca, ¿no la ves?"

11. "La madre de Tomiche quiere que guardes esto [el tirachinas, *slingshot*]. Anda, vete. Y sé feliz."

12. "A tu padre no le va a pasar nada grave, estoy seguro. Prisionero de guerra y de un país poderoso. Es una garantía. Como mucho un par de meses retenido (*kept, held*). Ya lo verás."

Hablando de la cultura...

Carol y su madre han vivido en Estados Unidos y cuando llegan a España no aceptan todas las tradiciones de la cultura española de la época. ¿Qué contrastes culturales se ven en la película; es decir, cómo se diferencian Carol y su madre de los otros personajes? Puede hablar de su manera de vestirse, portarse (*behave*), interpretar las cosas que les pasan, etcétera.

Hablan los críticos y los directores

"El personaje del abuelo es el que más modificaciones sufre a lo largo de la película, con la ayuda de la niña se enfrenta (*he confronts*) a sus miedos (*fears*) y a su cobardía."

— Imanol Uribe, http://www.labutaca.net/ films/11/elviajedecarol1.htm

¿Cambia el abuelo a lo largo de la película? Si es así, ¿de qué manera y qué papel tiene Carol en este cambio?

"[La película] se caracteriza por... la sabia (*wise*) utilización de recursos narrativos (elipsis, como en la escena en que Carol descubre el cuerpo sin vida de su madre, que se corta abruptamente para no ahondar [*go deep*] en un momento excesivamente dramático; o contrapuntos, en que a una escena de tono triste sucede (*follows*) cualquiera de los gags que el trío infantil de chavales pone en práctica), con los cuales se evita que la película se sumerja (*with which the film avoids going down*) en un exceso dramático..."

> — Manuel Márquez, http://www.labutaca. net/films/11/elviajedecarol2.htm.

¿Qué papel tiene el trío de chicos (Tomiche, Culovaso, Cagurrio) en la película?

Más allá de la película:
"El viaje de Carol: Más que una mirada"

Preparación

Skills: Guessing meaning from context, recognizing cognates and false cognates, recognizing noun forms of verbs.

A. **Según el contexto…** Las siguientes frases tienen cognados, palabras muy semejantes en inglés y español. Lea las oraciones y trate de adivinar el significado de las palabras subrayadas. ¿Qué quieren decir? Escoja a o b. Después de leer la lectura, verifique sus respuestas.

1. Coincidió en el tiempo con mi experiencia personal de tener una adolescente.

    a. Ocurrió al mismo tiempo que

    b. Hacía mucho tiempo que

2. Quiere justificar su punto de vista, pero yo no estoy de acuerdo. Para mí, su punto de vista no es lógico.

    a. hacer aceptable

    b. repetir

3. Entramos en la sala de proyección para ver la película.

    a. el lugar donde se presentaba la película

    b. la sesión de terapia

4. Los personajes de la película son <u>arquetipos</u>; algunos son muy buenos y otros son muy malos.

    a. arqueólogos

    b. modelos representativos

5. Vi las reacciones <u>de los espectadores del film</u>; en la audiencia había mucha gente joven.

    a. de los que no hacían nada en el film

    b. de los que vieron el film

6. Fue víctima de la <u>brutalidad</u> fascista; los franquistas lo mataron en 1938.

    a. crueldad

    b. experiencia

B. **Pares de palabras.** Complete las frases con los sustantivos de la lista que corresponden a los verbos subrayados.

cambio	fascinación
conclusión	mirada
descripción	reacción
determinación	relato
esperanza	símbolo

> *Modelo:*
>
> <u>Describió</u> la situación de manera muy humorística. Su _____ fue muy chistosa.
>
> **Su <u>descripción</u> fue muy chistosa.**

1. <u>Determinaron</u> que era inocente. Hicieron esa _____ después de tres horas.

2. Le <u>fascina</u> el cine. No sé de dónde vino esa _____.

3. Ella lo <u>miró</u>. Esa _____ lo dijo todo.

4. No <u>espera</u> obtener el premio. No tiene _____.

5. <u>Reaccionó</u> de manera muy extraña. Nadie esperaba esa _____.

6. La Estatua de la Libertad <u>simboliza</u> la independencia para los estadounidenses. Es un _____ de la libertad.

7. <u>Concluyó</u> que no se puede ir allí en un día. Llegó a esa _____ después de estudiar el mapa.

8. <u>Relató</u> el incidente. El _____ fue muy interesante.

9. <u>Cambiaron</u> de casa. Hicieron un _____ de residencia.

C. **Dos cognados falsos.**¿Qué quiere decir **la infancia**? ¿**infantil**? Después de leer la lectura, verifique sus respuestas.

"El viaje de Carol: Más que una mirada"

En su libro *Luces y sombras*° *en el cine de Imanol Uribe*, Javier Aguirresarobe entrevista al director. En el capítulo "*El viaje de Carol*: Más que una mirada", le pregunta por qué hizo esta película. Uribe responde:

Hubo muchos elementos que ampararon° la decisión de hacerla. Uno de ellos, quizás el que más valoro°, era mi ilusión por hacer una película con niños. *El viaje de Carol* coincidió en el tiempo con mi experiencia personal de ver cómo iba creciendo° mi hija Andrea. Tenía nueve años cuando se hizo la película, y en ese momento yo sentía una gran fascinación por descubrir el mundo de los adolescentes. Y, mira por donde, llegó a mis manos un guión que me cautivó°, porque hablaba de "la historia de una niña con un padre ausente°". Mi infancia tuvo también mucho que ver° con eso. Y la secuencia en la que se describía el envío desde el cielo de un regalo de cumpleaños, de un paracaídas° rojo, en medio de la Guerra Civil, me emocionó°. El origen de todo el proceso de *El viaje de Carol* está ahí...

Lights and shadows

supported

value

iba... was growing up

captivated
absent
tuvo... had a lot in common
parachute
moved

¿Hiciste cambios en el guión que llegó a tus manos?

Está basada en una novela de Ángel García Roldán. Él mismo me dijo que [yo] no leyera la novela, sino sólo el guión. Hice dos o tres cambios esenciales. ... En aquel primer texto, Carol era un personaje de setenta y tantos años que volvía al pueblo donde había estado hacía sesenta [años], con la determinación de descubrir quién había matado a su padre (en la nueva versión, el padre no muere). El relato tenía cierto aire de cine negro°. A mí no me interesaba el personaje de una Carol vieja, y me centré° sólo en los meses en los que la pequeña había pasado por aquel pueblo. [...]

aire... *aspect of film noir*

me... *I focused*

...en la descripción [de los adultos] se percibe una actitud maniquea°. Gran parte de ellos son los malos, muy malos, y unos pocos son los buenos, aunque no tan buenos. ¿Querías justificar esa actitud a través de la mirada infantil, que tiene menos problemas en trazar una frontera ética° entre unos y otros?

Manichean, dualistic

trazar... *trace an ethical boundary*

Justifico ese maniqueísmo de otra manera. Los personajes son arquetipos. Por ejemplo, en la presentación de la familia "facha" [fascista], que es la familia de la madre de Carol, hice un "travelling" sobre sus caras y lo ambienté° con los sones del "Cara al sol"°, hasta descubrir el rostro° de Adrián, que es Carmelo Gómez. Quiero que Alfonso (Alberto Jiménez) se parezca a Franco. Tengo una evidente voluntad maniquea. La guerra, para mí, la perdieron los buenos y la ganaron los malos. Esta película no intenta analizar en profundidad la Guerra Civil, pero sí esbozar° la imagen que yo mismo tengo de ese acontecimiento° terrible. Hay un personaje que me gusta mucho y es clave° en esa frontera entre buenos

I set

Cara... *anthem of Franco's supporters / face*

sketch, outline
event
a key factor

practiced, taught

affection

y malos: el de la maestra. Una mujer que ejerció° ya durante la República, y que está tratada con mucho cariño°. En cambio, los personajes de la España que va a venir—Alfonso, Adrián y su mujer Dolores (interpretada por Lucina Gil)—están tratados con muy poco cariño.

El viaje de Carol tiene detrás a la Guerra Civil. Y, según los que saben de distribución cinematográfica, una película sobre nuestra guerra vende muy poco.

premiere / se... a company was hired / behavior / showings / Hidden

witness

se... they found out

graded

Haber... Having been a measured

depressed

Antes del estreno° se contrató a una empresa° especializada en analizar el comportamiento° de los espectadores. Me invitaron a uno de los pases°. Oculto° detrás de un cristal semitransparente, fui testigo° de las reacciones de ocho o diez personas. El grupo que iba a "probar" el film estaba compuesto por jóvenes aparentemente liberales. Pero en aquella sala de proyección, cuando se enteraron° de que iban a ver una película española empezaron a decir que "si lo hubieran sabido no habrían ido a verla". Después de la sesión la puntuaron° con una buena nota, un 7'8, y se llegó a la conclusión de que en la publicidad de la película no debíamos hablar de la Guerra Civil en ningún momento. Haber sido° testigo de aquel proceso que medía° la reacción del espectador me tuvo deprimido° durante mucho tiempo. [...]

Tomiche, el amigo de Carol, es la víctima inocente del drama. Duele verle morir.

is

aspired to / terrains, areas cut off

La muerte de Tomiche es simbólica. Para mí, es como si mataran algo de nosotros mismos. Tomiche son° todos los que perdieron la guerra. Todos los que ambicionaban° una forma de vivir en los terrenos° de las ideas y de la libertad, y que fueron cercenados° por la brutalidad fascista. *El viaje de Carol* es una

película con vocación° simbolista en unas cosas y de   *calling*
cuento en otras.

El viaje de Carol *es más que una mirada a*
nuestro pasado. Imanol escarba° otra vez en las   *delves*
debilidades° del ser humano, fabulando sobre los   *weaknesses*
mundos de la inocencia y del oportunismo, de las
revanchas° y del poder. Y, en medio, una historia de   *revenge*
amor en la lejanía°. La historia de una niña que sufre   *distance*
la ausencia de su padre, cómplice de ese amor aéreo.
Un paracaídas, pequeño y rojo, cae sobre nuestras
cabezas con un mensaje de esperanza.

Exploración

Skills: Getting main ideas, Understanding details, Creating a short
biography of a character

A. Preguntas

1. ¿Por qué quería Uribe hacer una película sobre los adolescentes?
   ¿Qué edad tenía Andrea—su hija con María Barranco, la actriz
   que hace el papel de Aurora—cuando la hicieron?

2. En el guión original, ¿qué edad tenía Carol?

3. ¿Qué dice el director de los personajes de la película? ¿Qué personaje le gusta mucho a Uribe? ¿A qué personajes trata con muy poco cariño?

4. ¿Qué hicieron antes del estreno de la película? ¿Qué empresa se contrató?

5. ¿Le dieron una mala nota a la película los jóvenes que participaron en el estudio?

6. ¿Por qué no hablaron de la Guerra Civil en la publicidad?

7. ¿Qué simboliza Tomiche para el director?

8. Para el entrevistador, ¿qué simboliza el regalo de cumpleaños que llega en el paracaídas?

B. **Biografía de Carol**. En el guión original, Carol tiene setenta años y vuelve a España después de unos sesenta años. Trabajen en grupos y escriban una pequeña "biografía" de ella. ¿Qué hizo cuando volvió a Manhattan? ¿Llegó su padre allí? ¿Cómo eran sus abuelos? ¿Volvió a ver a don Amalio? ¿a Blanca? ¿Por qué vuelve a España y qué le pasa allí?

Text credits

pp. 23–26. Jorge Caballero, "Patricia Riggen aborda el tema de los migrantes por el desmembramiento familiar," *La Jornada*, 12 de septiembre, 2007. http://www. jornada.unam.mx/2007/09/12/index.php?section=espectaculos&article=a11n1esp

pp. 47–50. Alejandro Medrano Platas: *Quince directores del cine mexicano* (México D.F.: Plaza y Valdés, 1999) pp. 253-62. Reprinted with permission from the publisher, Plaza y Valdés.

pp.72–75. Caleb Bach, "Bemberg sobre Bemberg", *Américas* marzo-abril 1994, pp. 21–27. Reprinted from *Américas,* a bimonthly magazine published by the General Secretariat of the Organization of American States (OAS) in English and Spanish. Used by permission.

pp. 97–100. Adolfo Aristarain, *Un lugar en el mundo* (Madrid: Funcación Viridiana, 1994).

pp. 121–123. Ima Sanchís, *El don de arder: Mujeres que están cambiando el mundo* (Barcelona: RBA Libros, 2004), p. 25.

pp. 123–124. Luna Bolívar Manaut, *Deutsche Welle* o *DW-World*, 5 de octubre, 2006. http://www.dw-world.de/dw/article/0.2144.2195862.00.html

pp. 144–147. Interview with Jorge Perrugorria, "Sigo viviendo en Cuba por amor," Lilith Courgeon / EFE, *msn latino.com*, 3 de diciembre, 2004. Used with permission.

pp. 170–174. "Nueba Yol/New York", copyright © Mary McVey Gill, 2006. Used with permission.

pp. 198–201. Javier Aguirresarobe, *Luces y sombras en el cine de Imanol Uribe* (Valladolid: Semana internacional de cine de Valladolid, 2004), pp. 211–221.